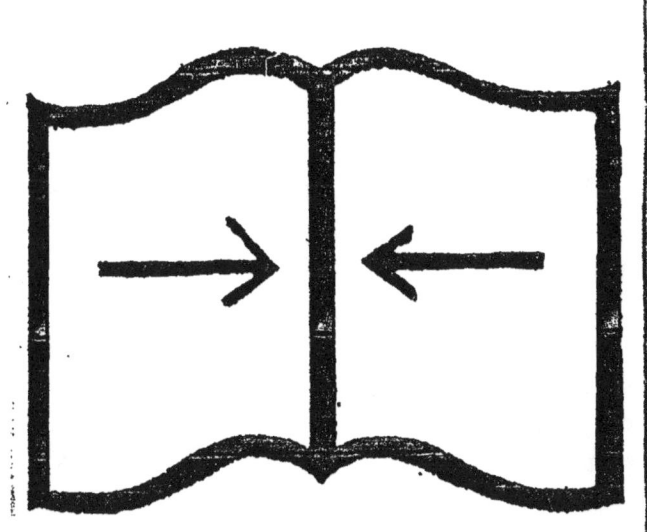

RELIURE SERREE
Absence de marges
intérieures

VALABLE POUR TOUT OU PARTIE
DU DOCUMENT REPRODUIT

LE

DERNIER LAIRD

PAUL FÉVAL FILS

BIBLIOTHÈQUE HISTORIQUE ET LITTÉRAIRE

LE

Dernier Laird

LA PROVIDENCE DU CAMP

PARIS
LIBRAIRIE ÉDOUARD BALTENWECK
12, RUE DU VIEUX-COLOMBIER, 12

A MA FEMME

P. F. f.

LE DERNIER LAIRD

CHAPITRE PREMIER

LA SALLE BASSE DU MANOIR

Par une froide et glaciale soirée d'hiver, on était à la fin de 176..., vingt ou trente montagnards Écossais se pressaient autour de l'âtre, dans la salle basse du bien vieux et bien délabré manoir du Keel-Rock.

Ce jour-là, tout leur temps s'était passé à battre le pays, et leurs vêtements, trempés par la neige fondue et couverts de boue, témoignaient assez qu'ils n'avaient pas épargné leurs peines.

Cependant, ils paraissaient encore plus mécontents que fatigués; car, au lieu du bon repas qu'ils étaient en lieu d'attendre, on venait de leur commander de se tenir prêts pour une expédition de nuit dans la montagne.

Or, chacun songeait tristement au souper tant désiré, mais retardé à l'indéfini.

Et c'était des plaintes, presque une rébellion, dans la salle, parce qu'il faisait froid.

Mais, racontons sans plus tarder ce qui tenait ainsi sur pied, à cette heure avancée, les domestiques du manoir et les montagnards tenanciers du Keel-Rock.

Diana Grütch, fille du propriétaire du château de Keel-Rock, avait disparu la veille au soir et n'était point revenue chez son père.

Le matin, on s'était mis à sa recherche, et l'expédition, dirigée par Reynold Mac-Fama, avait duré tout le jour sans amener aucun résultat, si ce n'est la disparition de Mac-Fama lui-même, qui, probablement, s'était égaré.

Reynold avait été élevé par James Mac-Grütch qui le traitait tantôt bien, tantôt mal; tantôt en fils adoptif, tantôt en valet, plus souvent en valet.

Bien que Mac-Grütch fût le plus riche maître de l'endroit et qu'il ne fût pas homme à se déranger pour peu, il devait, cette nuit-là, vu la circonstance, diriger la battue lui-même pour retrouver Diana, sa fille unique.

Une femme, parvenue aux dernières limites

de l'âge, semblait sommeiller sous le manteau de la cheminée.

Elle s'était placée si près du feu, pour chauffer ses membres de squelette, qu'un autre s'y fût cuit ; mais elle, elle grelottait.

Personne ne lui parlait.

De temps en temps, on la voyait remuer les lèvres comme si elle eût conversée avec elle-même ; et aucun son ne sortait de sa bouche.

Cette créature, à l'aspect somnolent et morne, eût semblé complètement inanimée, sans ce mouvement machinal et périodique.

On causait à voix basse :

— Nous allons donc avoir à recommencer la danse ?... disait avec mauvaise humeur Mac-Godfrey..

— Paraît ! lui repliqua-t-on, et pour ne rien trouver ; c'est idiot.

— C'est pourtant vrai, reprit Mac-Godfrey en jetant un regard de mépris vers la porte qui conduisait aux appartements du maître, Diana et Reynold sont tout comme...

L'assemblée secoua la tête, montrant qu'elle comprenait la lugubre pensée que Mac-Godfrey n'avait osé exprimer.

— Il faut bien avouer, reprit Mac-Malachi-

Maudlin, l'âme damnée du maître et le second personnage du manoir; il faut bien avouer que c'est une honte pour l'Écosse qu'il y ait encore des révoltés aux environs de Keel-Rock.

— Mais, où sont-ils ? hasarda quelqu'un.

— Quant à ça... dit Julian Mac-Godfrey, en un murmure, personne ne le sait, autant vaudrait trouver la demeure du *Ruffian*.

Vingt bras s'élevèrent à la fois pour faire faire silence, à l'audition de ce nom qui n'avait en lui-même rien de bien terrible.

Puis, tous ces grands gaillards se resserrèrent et se regardèrent d'un air effaré, comme si l'on venait d'évoquer le diable.

— Quelqu'un l'aurait-il vu aujourd'hui ? demanda Mac-Godfrey, après un moment de profond silence; ce qui fit tressaillir ses voisins.

— Oui, dit un jeune montagnard, moi je l'ai vu près du bourg de Glèneil, à midi.

— C'est faux, reprit un second; à midi, je le vis rentrer dans la gorge d'Inverlochy.

— Vous en avez menti tous deux, conclut un troisième ; je fis aujourd'hui sa rencontre dans la plaine de Glengilvie, à midi juste.

Les trois montagnards commençaient à se regarder d'un mauvais œil, ils allaient peut-être même en venir aux mains pour soutenir leur assertion, quand Mac-Godfrey leur demanda d'un ton ironique :

— Quel vêtement portait-il ?

— Un long manteau en loques, répondirent ensemble les trois interpellés.

— Tonnerre du ciel ! s'écria Mac-Godfrey, ceci est étrange !

— Très étrange, appuya-t-on.

— Plus étrange encore que vous ne croyez, mes braves, car, moi aussi, je l'ai vu au Solvay-Moras, à plus de deux lieues de chacun des endroits que vous avez désignés ; il était vêtu de son long manteau en loques, et par le diable son patron, il n'était ni plus ni moins de midi !

Pour peu que l'on fréquentât maître Mac-Grütch, on apprenait facilement à jurer.

Les montagnards semblaient terrifiés : mais l'âme damnée du maître, Mac-Malachi-Maudlin, haussa les épaules, disant :

— Hé, hé ! l'histoire n'est pas mauvaise, Julian, mon ami, et c'est très amusant. En connais-tu d'autres ?

— Il est bon de plaisanter, fit Mac-Godfrey, cependant ces choses sont graves et souvent l'on se repend d'avoir trop ri.

— Je ne plaisante en aucune façon...

— Bien, bien ! prenez-en à votre aise, mais souvenez-vous de ceci, Mac-Malachi-Maudlin : cette femme, et il montrait la vieille Suky, cette femme en sait bien long sur les choses de l'enfer.

Suky, la vieille du foyer, les coudes sur les genoux et la tête entre les mains, semblait dormir ; elle ne fit pas un mouvement qui pût indiquer qu'elle avait entendu.

— Quant à cela, reprit Mac-Malachi-Maudlin, elle en revendrait au diable lui-même. Il y a bien longtemps que je la connais, mais chaque fois qu'elle parle je me bouche les oreilles pour ne pas entendre la prédiction de quelque malheur horrible !

— C'est en effet sa façon à elle de souhaiter le bonjour ou le bonsoir.

La porte qui donnait sur les appartements du maître du château s'ouvrit tout à coup, et Mac-Grütch entra dans la salle basse.

Mac-Grütch pouvait avoir soixante-six ou sept ans.

Contre l'ordinaire des gens de son pays, il était petit, mais trapu, et constitué d'une solide façon.

On ne lui eût certes point donné son âge, tant il était vert et robuste.

Ses deux petits yeux pouvaient parfois briller d'un éclat changeant et furtif, ce qui leur arrivait très rarement, débordés qu'ils étaient par deux grosses joues rougeaudes et tombantes et surmontés par un rempart intraversable de sourcils, touffus jusqu'à l'invraisemblance.

Une forêt de cheveux roux et broussailleux couvrait sa tête carrée ; ils descendaient jusque sur ses sourcils, cachant un front qui n'existait sans doute pas.

De chaque côté de ses fortes lèvres deux grosses dents débordaient, pour compléter le tableau de cette face bestiale, ressemblant à s'y méprendre à la tête hargneuse de nos chiens de boucher.

Dans tout le pays on ne le connaissait que sous le nom de Mac-Grütch *le Rouge*.

Quand il entra dans la salle basse, les serviteurs et les montagnards se levèrent en portant la main à leur toque.

Un étranger que l'on eût subitement introduit dans ce milieu, aurait trouvé matière à une curieuse étude, en comparant la haine qui se lisait sur le visage de tous ces braves gens, pour le maître auquel ils faisaient un accueil aussi respectueux.

C'était la parodie caricaturée du salut que doit faire le vilain à son seigneur.

C'était le pauvre devant le riche ; c'est-à-dire la crainte au respect ironique.

C'était le salarié obéissant au maître sans prestige et sans gratitude.

Mac-Grütch semblait de méchante humeur. Les recherches infructueuses auxquelles il s'était livré, pendant la journée, n'avaient pu changer la dureté de son caractère en douceur. Il fit allumer des torches, désigna quatre grands gaillards pour garder le manoir et, d'une voix grondeuse, ordonna au reste de le suivre.

Mais, quand il eut passé la porte, il se ravisa tout à coup :

— Eh, eh ! grommela-t-il, riant d'un mauvais rire, les coquins seraient trop contents de ne rien faire et de dormir !... Mais j'ai mieux que cela pour eux, et je ne les paie pas pour se moquer de moi !... La vieille Suky est encore assez bonne pour garder la bicoque des attaques des chats-huants ! Venez ! vous autres.

La troupe se compléta de quatre montagnards

qui quittèrent à regret le coin du foyer où ils s'étaient déjà blottis.

Mac le Rouge continua :

— Allons! vilaine sorcière, debout! et faisons bonne garde.

Suky ne bougeait pas plus qu'une bûche.

— De par le diable! s'écria Mac-Grütch, en se fâchant, cette fois, m'entends-tu, vieille? tu vas garder mon manoir.

A cette apostrophe, Suky se réveilla et se frotta les yeux, ce qui produisit un bruit de parchemin que l'on froisse.

— Seule, dit-elle enfin, rester seule ici. Oh! j'aurai bien peur!

Mac-Grütch eut un ricanement démoniaque :

— Tu feras venir ton compère le diable pour te tenir compagnie, dit-il.

— Ne me laissez pas seule, continua Suky, je suis bien vieille.

Elle se leva en même temps et ses os s'entrechoquèrent avec un claquettement de squelette que l'on remue.

Les montagnards étaient dehors.

— Ma vieille, dit Mac-Grütch, en appuyant sur les épaules de Suky pour la forcer à se rasseoir, je vais chasser dans la montagne ; si tu

1.

avais le malheur d'ouvrir à d'autres qu'à moi, ta carcasse s'en ressentirait.

Mac le Rouge était déjà sorti pour rejoindre ses hommes, que la vieille Suky, ce débris humain, baissait encore la tête en signe d'obéissance, tandis que sa voix basse et cassée murmurait :

— Diana ! Reynold ! Tous deux le même jour !... Le châtiment de Dieu viendrait-il ? Mais non... puisque la fille du traître est avec le fils du...

CHAPITRE II

LA BRUYÈRE DE DONEGAIL

En 176..., époque à laquelle se passe notre récit, le Keel-Rock était un vieux manoir bas et de forme irrégulière, qui tombait en ruines.

La noblesse des Keel-Rock remontait aux croisades.

Sire Hugh, chevalier de Saint-Jean, était venu, de retour de Terre-Sainte, planter sa lance dans une vallée aride qui, par sa forme, avait été dénommée le *Roc-cuvette* ou Keel-Rock.

Le Roc-cuvette était un bas-fond entouré, au nord et à l'ouest par les montagnes d'Inverlochy, au sud par le Solvay-Moras, à l'est par la forêt dite bruyère de Donegail.

Les possesseurs de cette terre étant morts en Orient, Sire Hugh se fit bâtir un château dans cet endroit extraordinaire, et ses descendants furent Lairds du Keel-Rock.

Le manoir avait la forme d'un vaste quadrilatère flanqué de quatre tours carrées à créneaux.

Le tout était laid, mesquin, et d'une architecture disgracieuse au possible.

L'intérieur répondait assez bien à l'extérieur, quant à la richesse ; ce qui prouvait surabondamment que les Lairds du Keel-Rock avaient été de peu fortunés seigneurs.

Au fronton du portail carré, on pouvait encore distinguer les restes d'un vieil écusson délabré.

C'était l'écu des chevaliers de Saint-Jean de Jérusalem, surmonté d'une branche de houx sous laquelle courait cette fière devise :

« BEFORE ALL FOR, SCOTLAND ! »

Aujourd'hui, il ne reste plus rien de cette ancienne puissance.

Le Roc-cuvette est de nouveau désert, comme aux premiers siècles.

Du vieux manoir, il ne subsiste plus pierre sur pierre. Le dernier Laird du Keel-Rock est descendu dans la tombe et son nom s'est éteint avec lui.

Cependant il m'a été donné de voir l'écusson des sires de Keel-Rock, gravé sur la pierre, plusieurs fois séculaire, qui surmontait le portique du château.

Passant un jour dans le quartier juif de Londres, je m'arrêtai devant la boutique d'un brocanteur-fermier.

Devant la porte était une auge sculptée dans laquelle un petit cochon dévorait sa panade.

— Monsieur, me dit le juif brocanteur qui vint sur le pas de sa porte en me voyant en arrêt : Monsieur, ceci est, sans conteste, une œuvre d'art et de valeur, mais n'en ayant pas trouvé le placement facile, j'ai cherché à l'utiliser. Telle que vous la voyez, et en même temps il me désignait l'auge, ceci est la pierre frontale d'un château écossais, sur laquelle sont gravées les armes des Lairds du Keel-Rock !!

Alors, pour des gens peu fortunés, ce manoir, dans un assez triste état, était encore habitable.

Il faut dire aussi qu'il était tenu dans une constante humidité, car, beaucoup plus bas que le marais de la Solvay, il n'était séparé de celui-ci que par une simple digue, crevassée en plusieurs endroits.

Une légende, assez accréditée dans le pays, disait :

« *Quand le Solvay-Moras rompra sa digue, il remplira la cuvette et Keel-Rock aura vécu !* »

Or, la digue ne semblait pas bien solide.

Diana et Reynold avaient passé leur enfance dans ce château.

C'étaient deux beaux enfants que Diana Grütch et Reynold Mac-Fama.

Diana était espiègle, hardie mais sauvage, elle était fraîche, coquette et blonde. Elle devait être aussi bonne et aimante. Quand elle riait, ah ! qu'elle semblait jolie, la petite Diana.

Quant à Reynold... avez-vous jamais examiné un jeune lion, courageux jusqu'à l'excès, mais timide auprès de sa lionne. Tel était le jeune Écossais ; il avait de plus le port distingué, la figure franche et connaissait l'honneur.

Mais ce n'était pas Mac-Grütch qui le lui avait enseigné.

Mac-Grütch avait pris à tâche d'envelopper l'intelligence du jeune homme d'un voile d'ignorance.

Reynold ne savait pas même l'histoire de son pays, que venait de décimer l'Angleterre.

Pourtant le pauvre enfant était très fort sur un point : il savait que les Lairds avaient des mœurs barbares et que ces nobles ne valaient rien.

Son éducateur se nommait Mac-Grütch le Rouge, et Reynold, instruit par lui, connaissait les Lairds comme des gens farouches, cruels, débauchés et menteurs. Toujours ils avaient persécuté les pauvres montagnards, en vivant de leurs peines et de leur sang.

Aussi le jeune homme détestait-il les nobles.

Vaguement, il avait bien entendu dire que ceux-ci se battaient en Angleterre pour l'Écosse, mais ceci pouvait être un roman, et Mac-Grütch devait dire vrai, son protecteur ne pouvait pas mentir.

Quand Mac-Grütch en arrivait à parler des Lairds du Keel-Rock, c'était une bien autre histoire, alors son éloquence accusatrice frisait le sublime.

Il redressait son corps trapu et s'écriait en s'essuyant les yeux :

— Reynold ! souviens-toi de ton père et de ses bourreaux. Yves Mac-Fama, ton père, était un bien brave homme, aimé de tous ceux qui le connaissaient, mais il eut le tort d'avouer qu'il avait quelque argent de côté.

« Randal, Laird du Keel-Rock, avait déjà fait des offres à ta mère pour l'entraîner chez lui.

« Il l'aimait d'une passion sauvage et criminelle.

« Ta mère et l'argent furent les deux mobiles de la mort de ton père.

« Un soir qu'il revenait du bourg de Gléneil, il fut attaqué, garrotté et jeté dans le marais de la Solvay, qui ne rendit jamais son corps.

« La nuit même de ce crime, la maison de ta mère était envahie par les assassins, à la tête desquels se trouvait un grand homme masqué. Le chef, sans doute ? Pendant que ses soldats pillaient ta maison, lui ne s'occupa que de ta mère, il l'abreuva d'insultes et se livra sur elle aux derniers outrages.

« Le lendemain matin, la pauvre femme mourut en te donnant le jour et je t'adoptai. »

Reynold grinçait des dents au récit de ces horreurs.

Mais Mac-Grütch le Rouge continuait impitoyablement :

— Et sais-tu quels étaient ces hommes froidement féroces ? sais-tu quel était leur chef hideusement implacable ?

Ces hommes étaient les soldes du laird ! Leur

chef avait nom Randal sire du Keel-Rock ; le fils de cette race maudite qui, pendant des siècles, a désolé la contrée.

Reynold, souviens-toi des assassins de ton père ! du meurtrier de ta mère ! tous ne sont pas morts !

Bien souvent Mac-Grütch lui avait conté cette histoire lugubre ; et Reynold l'écoutait toujours essayant d'y découvrir de nouvelles infamies. Il s'écriait chaque fois :

— Je les vengerai !

Il abhorrait les nobles. Mais la haine qu'il portait aux Keel-Rock était intraduisible.

Pourtant son cœur n'était pas donné tout entier à la haine.

La fille de Mac-Grütch allait avoir dix-neuf ans, elle était bien belle et Reynold tressaillait près d'elle.

De son côté, Diana laissait parler son petit cœur qui prêchait en faveur de Reynold. Il n'est pas besoin d'ajouter que Diana avait une confiance extraordinaire dans ce que lui disait son cœur au sujet du jeune homme.

Certes, Mac-Grütch ne savait pas celle-là ! Il contait fort bien les histoires. Qu'elles soient vraies ou fausses ? nous le saurons plus tard.

Mais il ne se doutait guère de l'amour qui unissait sa fille à Mac-Fama.

D'ailleurs, nous devons dire que Reynold aimait tout uniment Diana, son amour présent l'absorbait tout entier ; il ne voyait pas au delà. En effet s'il avait pu songer un seul instant à une alliance entre lui et la fille de son protecteur, c'eût été de la folie.

Tous deux, ils étaient encore aux premiers pas, néanmoins comme ils redoutaient les regards des domestiques du château, ils allaient se promener chacun d'un côté différent. Et leurs chemins se croisaient non loin de là, au milieu d'un petit bois de pins nains.

C'était leur lieu de rendez-vous favori.

Diana, en partant le matin, faisait un signe muet à Reynold qui la guettait depuis le lever du jour.

Nos amants partaient en se tournant le dos. Mais la séparation n'était pas bien longue, ils se rencontraient bientôt pour se dire qu'ils s'aimaient.

Et rien de plus....

Ils avaient toutes les joies de l'amour, sauf l'amertume !

Vers cette époque, une horde de bandits parut

dans le pays; et les rendez-vous du bois de pins cessèrent parceque la jeune fille effrayée n'osa plus sortir.

Réellement, on racontait de ces brigands des histoires bien extraordinaires. Quelquefois ils étaient nombreux, mais le plus souvent on ne les voyait qu'en petit nombre. Malgré toutes les recherches, on n'avait encore pu découvrir leur retraite.

A vrai dire, si les montagnards s'occupaient beaucoup de ces malfaiteurs, ce n'était que peu de chose en comparaison de l'attention qu'ils prêtaient quand on venait à parler d'un être, aussi étrange que mystérieux, qui, couvert d'un grand manteau en loques, allait partout demander l'aumône.

Il n'avait pas l'air méchant de prime abord; après avoir mendié, il questionnait.

Il paraissait surtout s'intéresser à la famille de Mac-Grütch et s'était fait faire un minutieux portrait de Diana. Il n'avait pas l'air méchant; mais il vous avait une façon de demander qui n'admettait pas de réplique, et jusqu'à ce jour, nul montagnard n'avait osé opposer un refus à ses questions.

C'était pourtant un personnage presque épouvantable.

Deux personnes affirmaient l'avoir vu à la même heure dans des lieux fort éloignés l'un de l'autre. — Cette aventure ne peut nous sembler étrange, puisque nous savons déjà qu'il avait le don de se quadrupler. — Mais les habitants de Gléneil, de Donegail, de Glingilvie, d'Inverlochy, et de tous les lieux avoisinants, s'étonnaient, eux, et ne pouvaient croire à un aussi fantastique mystère.

Cette histoire, et bien d'autres, terrorisaient les montagnards; ils craignaient ce personnage à l'égal du démon dont il devait être le suppôt.

On l'avait surnommé le *Ruffian*, mais, jamais, ce nom n'était prononcé.

L'apparition du Ruffian dans le pays avait assez singulièrement coïncidé avec celle des bandits.

Diana avait bien peur de sortir, cependant elle se révoltait contre cet état de séquestration. Elle ne pouvait pas parler librement à Reynold, au manoir; or cela ne devait pas durer plus longtemps, et, un matin, décidée à tout, elle embrassa son père en lui disant :

— Je vais me promener au bois de Donegail.

Reynold sembla prêter l'oreille. C'était en effet la formule convenue entre nos deux amants, pour se donner rendez-vous au bois de pins nains. Mais le jeune homme était préoccupé, et il n'entendit pas.

C'était la veille du jour où commence notre histoire.

En sortant du château, Diana paraissait bien heureuse. Elle n'avait pas peur ; oh non ! Reynold n'allait-il pas venir. Et comme ils allaient s'embrasser, et comme ils allaient se faire de bons serments d'amour...

Ah ! il y avait bien longtemps, qu'elle n'avait pu lui parler de ce qu'il ignorait. Si elle venait c'était avec l'intention de rattraper tout ce temps perdu.

Cependant la route s'allongeait et Reynold ne paraissait pas.

Diana, contre l'ordinaire, arriva la première au rendez-vous.

Qu'est-ce que cela voulait dire ?

Il faisait un froid de loup et la jeune fille, se voyant seule, sentit la crainte arriver.

Ce qui causait sa peur, c'était le silence qui régnait dans cette solitude.

Les pins avaient un aspect sombre et lugubre,

avec leurs branches desséchées, couvertes de givre.

Pas un souffle dans les arbres, pas un murmure.

Sous une croûte de glace épaisse, le ruisseau se taisait.

Diana sentait sa frayeur redoubler.

Sous son manteau de neige, le *Bog-pines* semblait une immense nécropole.

C'était la cité des morts, au silence éternel.

La jeune fille prise du vertige voulut fuir. Mais, en ce moment, sans qu'aucun bruit eût révélé son approche, un homme de grande taille, à la carrure imposante, s'avança vers le lieu où elle se trouvait. Il avait une grande barbe grise et était couvert d'un long manteau en loques.

Il examina le sol, et frappant du pied avec impatience, il s'écria :

— Pas encore arrivés ?... Voudraient-ils me faire attendre ?

Diana restait anéantie et regardait cet homme, la bouche béante.

N'était-ce pas là le héros mystérieux, le personnage étonnant dont on parlait chaque jour...

le manteau en loques... les cheveux flottants... la barbe longue et grise.

Oui ! il n'y avait pas à s'y méprendre, c'était bien le Ruffian.

La petite Diana était-elle brave ? je ne sais; mais ce que je puis affirmer, c'est qu'en contemplant le Ruffian, sa crainte s'évanouissait peu à peu pour faire place à la curiosité.

Voyez-vous ça ? ah ! c'était une bien digne petite fille d'Eve.

Soudain, un second personnage, absolument semblable au premier, parut à côté de lui.

Puis vint un troisième, portant la même barbe, le même costume.

Puis un quatrième, identique en tout aux trois premiers.

Alors, la pauvre Diana se crut véritablement l'objet d'une fantasmagorie.

Elle chercha à reconnaître parmi ces quatre hommes, le premier arrivé.

Ils étaient si bien semblables, qu'elle ne le put.

Elle voulut fuir, ses jambes se refusèrent à a porter.

Force lui fut donc de rester, blottie derrière une touffe de genêts.

— Que savez-vous de nouveau, dit l'un des Ruffians ?

— Nous n'avons rien appris, firent les trois autres d'une même voix.

— Quoi ? cet homme est-il donc si difficile à prendre ?

— Oui ! car vous lui faites peur et il n'ose plus sortir.

— Et sa fille ? ne peut-on la trouver, elle ?

— Il fut un temps où tous les jours elle venait en cet endroit ; mais, depuis que l'on parle de nous, il lui est défendu de mettre les pieds hors du manoir.

Diana restait plus morte que vive, elle venait de comprendre que l'on parlait de son père et d'elle.

— Que disent mes Highlanders ?

— Ils ne sont pas contents.

— Refuseraient-ils de m'obéir ?

— Non, Laird ! ils ne refusent point de vous obéir. Mais ils trouvent que vous les employez à un travail tout personnel, au moment où ils voudraient se battre pour l'Écosse !

— Que voulez-vous, ils ne vous connaissent pas bien, reprit l'un des Ruffians, voyant que celui qu'ils appelaient *Laird* ne répondait pas ;

mais vous avez en nous trois serviteurs dévoués.

— Vous avez raison, mes amis, je sais que vous êtes des fidèles, vous ! Cependant je tiens à savoir tout ce que disent mes Highlanders sur cet homme...

— Ils disent que cet homme ne leur a rien fait et qu'ils n'ont pas de raison pour lui en vouloir.

— Les malheureux ! s'écria le Laird avec amertume ; ils ne savent donc pas que c'est un assassin de l'Écosse, plus redoutable pour leur race que dix Anglais.

Sa parole était brève, son regard méprisant et indigné :

— Ils ne savent donc pas, continua-t-il avec feu, que cet homme est aussi menteur que voleur, qu'il a été le meurtrier de ses seigneurs et le bourreau de ses frères. Ah ! dites-leur donc que si je mets tant de façons à tuer cet infâme, c'est qu'il mérite un châtiment épouvantable !...

Un faible cri, suivi d'un froissement de feuilles, retentit tout près d'eux.

Tous quatre dégaînèrent la claymore et s'élancèrent vers la touffe de genêts d'où était parti le cri.

Diana évanouie et pâle comme une morte était étendue à terre.

— C'est la fille de Mac-Grütch, dirent trois d'entre eux à la fois.

— Ma fille ! c'est ma fille, s'écria le quatrième qui, s'élançant vers Diana, se pencha sur elle pour la contempler.

Il se releva bientôt et reprit avec plus de mélancolie dans la voix :

— Ce ne sont point ses traits ! Non ! ce ne doit pas être elle, ma pauvre Blanche était bien plus belle que cela !

— Faut-il la porter à la chapelle ? demandèrent les trois Ruffians.

— Après tout, disait le Laird continuant son monologue, une enfant peut bien ne point ressembler à sa mère.

— Oui ! ajouta-t-il plus haut, conduisez-la à la chapelle, qu'on la soigne et qu'on ait des égards pour elle comme pour moi-même !

Comme nous l'avons vu, le soir de ce jour, les montagnards de Gleneil et les serviteurs du château firent une battue dans le bois de Donegail pour retrouver Diana, mais ils ne réussirent qu'à perdre Reynold Mac-Fama. Ils étaient donc revenus tout penauds au manoir pour repartir bientôt sous la conduite de Mac-Grütch-le-Rouge.

CHAPITRE III

LE REVENANT

La salle basse du manoir était assez grande. Une baguette fendue, fichée dans la muraille, soutenait une chandelle de résine qui l'éclairait faiblement, d'une lueur vacillante. La plus grande partie de la salle restait dans une clarté douteuse et cette demi-obscurité donnait aux objets des formes étranges compliquées d'ombres fantastiques.

Devant la flamme mourante de l'âtre, la vieille Suky était seule depuis deux heures.

On l'appelait la sorcière, mais la pauvre vieille redoutait la solitude, parce que sa conscience parlait et que son passé devait être terrible.

Plusieurs fois déjà, ses regards avaient essayé de fouiller les coins sombres, mais elle était restée fascinée par des visions effrayantes qui, pour elle, se mouvaient dans l'immensité vague, produite par les ténèbres.

L'inquiétude croissante se peignait sur sa figure pâle et ridée comme un vieux parchemin à mesure que l'heure avançait.

Les yeux obstinément fixés vers la terre, elle chantonnait, pour tromper sa terreur, un de ces refrains, graves, mélancoliques et sauvages, qu'avaient dû composer les premiers troubadours de l'Écosse.

Sa main tricotait machinalement, pendant que, de ses lèvres, sortait la mélodie, navrante comme un chant de mort :

> Par-dessus les étangs, par-dessus les vallées,
> Et par-dessus les monts, les forêts et les mers,
> Par delà le soleil, par delà les éthers,
> Par delà les confins des sphères étoilées,
>
> Keel-Rock se transportait avec agilité,
> Ainsi qu'un bon nageur qui se pâme dans l'onde,
> Il sillonna gaîment l'immensité profonde.
> Avec une indicible et mâle volupté.
>
> Il alla provoquer la mort loin de l'Écosse,
> Quand celle-ci guettait au seuil de son manoir....
> Et la brise gémit sur les genêts, le soir.
> Mieux vaut dix ennemis qu'un seul ami féroce !...

Soudain, la vieille Suky laissa tomber sa tête sur sa poitrine, ses doigts restèrent immobiles en même temps que son chant cessait.

Une pensée obsédante la poursuivait sans

cesse, une pensée qui semblait la faire souffrir. Bientôt sa tête se releva, et ses yeux allèrent furtivement interroger la grande porte de chêne.

Elle avait peur de la solitude et désirait ardemment le retour des habitants du château.

Sur la porte, se détachait en relief un écusson, mais il avait été abîmé à coups de hache. Cependant on distinguait encore une partie de la devise : ...... *for Scotland* !

Les idées de la vieille avaient probablement changé, car elle se leva avec effort et, tenant à la main la chandelle de résine, elle se dirigea vers l'un des coins de la salle qui restait dans l'obscurité.

Son pas semblait assez ferme.

— Pourquoi ai-je besoin de le voir, disait-elle en marchant. Pourquoi, je ne sais, c'est assurément le démon qui m'y pousse, mais je ne puis y résister. Pauvre Randal. Il le faut !... il le faut !.....

De distance en distance, de grands cadres, d'une forme régulière, ornaient les murailles enfumées de la salle basse.

Ces cadres, aux dorures flétries, devaient sans doute contenir les portraits des propriétaires du Keel-Rock ; mais Mac-Grütch n'aimait probablement pas les visages qu'ils représentaient, peut-être même lui rappelaient-ils des souvenirs importuns.

Il avait donc imaginé, lui, le parvenu, pour se débarrasser de la vue humiliante de ses lairds, sans dégarnir ses lambris, de les retourner la face contre le mur.

La vieille Suky marchait maintenant avec hésitation, elle s'arrêtait à chaque cadre, puis se dirigeait vers le suivant en disant :

— C'est l'autre !

Au dernier, elle hésita, comme effrayée.

Le vent faisait rage au dehors, soulevant des tourbillons de neige qui venaient cingler les vitres.

Elle tremblait, mais elle était venue là pour voir.

D'une main, elle souleva péniblement le cadre, tandis que de l'autre elle tenait sa résine.

Elle regarda longtemps, bien longtemps. Elle ne sentait pas la fatigue, et deux larmes coulaient sur ses joues.

Une personne forte eût bien vite lâché prise, parce que la position était fatigante et le tableau très lourd. Mais elle continuait à regarder et à pleurer.

— Ah ! c'était un fier seigneur, murmurat-elle, beau et brave !... Le plus riche, le plus brave, le plus noble d'entre tous les lairds d'Écosse !... Pauvre maître ! Pauvre maître !

Suky lâcha le tableau et sa voix se perdit dans le grand bruit que fit un des châssis de la fenêtre en se brisant.

C'est qu'en effet, la tempête mugissait dans tout son éclat.

Le vent avait acquis sa plus grande intensité, il sifflait à travers les ais disjoints de la grand'-porte, et, après avoir précipité le châssis de la fenêtre au dedans, il poussait, jusqu'au milieu de la salle, la neige qui semblait y danser une sarabande.

— Pauvre maître ! continuait Suky, c'était par une nuit affreuse, tout comme celle-ci. Il faisait bien noir !... la pluie tombait à torrent... le vent sifflait un chant lugubre !... horrible !... Oh ! oui, c'était bien horrible !...

Ces souvenirs lui faisaient mal, mais elle y pensait toujours.

Elle essaya de boucher la place du châssis avec de la toile, mais le vent la lui rejetait violemment au visage. Elle abandonna la toile, et essaya de regagner le foyer, monologuant à part elle :

— Oui ! c'est bien tout comme cette nuit terrible d'autrefois !... il vint frapper à la fenêtre... moi je ne répondis pas... car je savais que l'entrée du château, pour lui... c'était la mort... alors il se mit à m'appeler... Suky !...

— Suky ! dit une voix au dehors.

— Mon Dieu ! s'écria la vieille en se pressant le front, est-ce que je deviens folle !

— Suky ! fit de nouveau la voix.

— Grâce ! mon Dieu !... par pitié... grâce !...

On frappa aux carreaux de la croisée, et la voix répéta, pour la troisième fois :

— Suky !

— Oh ! dit la vieille femme qui grelôttait de frayeur, c'est sa voix !... c'est sa voix ! les morts reviendraient-ils ! je n'ouvrirai pas... je ne veux pas *lui* ouvrir.

Tout en parlant, elle avait pris la torche et s'approchait de la porte.

— Comme cette autre fois, continua-t-elle avec égarement, comme cette autre fois, une autre volonté que la mienne me domine !

Elle ouvrit la porte toute grande.

Un homme entra.

La vieille laissa échapper la résine qui s'éteignit, et tomba pesamment à la renverse en poussant un cri d'horreur :

— Lui !...

L'homme qui était entré ralluma froidement la torche, puis, se penchant sur le corps de la vieille évanouie, il examina curieusement sa face glabre et livide.

— Que Dieu lui pardonne, dit-il enfin en se relevant, cette pauvre créature n'était que le vil instrument de cet homme... ma vengeance saura frapper plus haut !... Je ne la reconnaissais pas, elle a bien vieilli... Allons, je n'en pourrai rien tirer ce soir !

Il alla ranimer le feu, puis, revenant vers la vieille, il la souleva et la porta jusqu'à son siège ordinaire. Il s'assit en face d'elle, à côté du foyer.

Longtemps, il resta vis-à-vis de Suky, semblant attendre avec impatience que celle-ci donnât un signe de vie.

La figure de cet homme était assez extraordinaire pour mériter une description.

Sous de longs cheveux blancs, se voyait un visage jeune encore, ce qui lui donnait un âge difficile à déterminer.

D'une taille presque gigantesque, ses membres semblaient doués d'une vigueur musculaire peu ordinaire. Malgré cela, ils étaient d'une fort belle proportion.

Il avait un nez droit, aux narines saillantes ; sa bouche, probablement petite, était cachée par une épaisse moustache grise, qui tombait de sa lèvre supérieure.

Une barbe grise, inégale, et d'une longueur démesurée, descendait sur sa poitrine ; ses orbites étaient caves et ombragées d'épais sourcils et les pommettes de ses joues avaient une proéminence remarquable.

Le tout donnait à sa physionomie une expression de dureté méchante ; mais, du fond des orbites, sortaient deux grands yeux bleus d'une douceur enfantine, et son regard féminin tempérait si singulièrement la rigidité de son visage, qu'après les avoir vus, une seule pensée restait :

Cet homme avait dû souffrir terriblement.

Les vêtements dont se composait son costume n'étaient pas moins étranges que toute sa personne.

Sur ses cheveux blancs était une toque rayée, surmontée d'une aigrette à plume verte, rattachée à la toque par une boucle formant ces mots ; *Reicudan-Dhu.*

Il avait un pourpoint noir, le *kilck*, petite robe écossaise multicolore, qui tombait un peu au-dessus des genoux.

Ses souliers étaient tenus par de longues lanières de cuir qui venaient jusqu'au milieu de la jambe.

Malgré le froid intense qu'il faisait, ses jambes et ses cuisses velues et bronzées, demeuraient nues

A son écharpe bariolée, pendait la *claymor*, et sa ceinture soutenait la *targe* et le *skéné-dhu.*

Tout cet accoutrement se trouvait caché par un immense manteau, usé, troué, râpé, qu'il avait disposé avec une certaine majesté excentrique sur ses larges épaules, ce qui ajoutait à la hardiesse imposante de son visage.

Laissant ce manteau sur son siège, l'inconnu se leva et fit avec impatience le tour de la salle.

En passant devant les portraits de famille qui montraient leur envers poudreux, il eut un sourire méprisant. Mais, ses sourcils se froncèrent lorsqu'il vit l'écusson de la grande porte détruit et quelques mots de menace sortirent de sa bouche.

— C'est un rêve horrible ! que Dieu me pardonne, murmura en ce moment la vieille Suky qui fit un mouvement.

L'inconnu s'était retourné.

— Non ! bonne femme, répondit-il d'une voix profonde, ce n'est pas un mauvais rêve. Mais ta faiblesse te sauve, tu n'as rien à redouter.

Un frisson convulsif parcourut, à ces mots, les membres de la vieille ; elle restait dans une immobilité complète, les paupières baissées.

La respiration et le tic fiévreux qui agitait parfois ses narines, étaient les seuls signes de vie que donnait encore ce vieux corps engourdi.

La frayeur lui ôtait toute force et toute volonté.

Elle tomba bientôt dans une sorte de repos magnétique, car l'excès de son émotion lui ôtait en grande partie sa conscience.

Elle répondit mécaniquement aux questions énigmatiques que lui fit l'inconnu.

Dominée comme elle l'était, la vieille semblait comprendre, à demi mot, ce qu'il lui disait :

— Elle n'est plus ? fit l'inconnu.

— Non, répondit Suky, elle mourut cette nuit-là... Mais, qui sait, reprit-elle en baissant la voix, qui sait ! lui aussi je le croyais mort... Et pourtant...

Il y eut de l'hésitation dans la deuxième question de l'inconnu :

— Elle... Elle était sur le point d'être mère ? dit-il néanmoins, avec une tristesse profonde.

— C'est en donnant le jour à son enfant qu'elle est morte !

La touffe grisonnante et épaisse dont étaient formés les sourcils de l'inconnu, sembla s'illuminer, tant l'éclair de joie que lança son regard fut intense.

— C'est donc ma fille ? s'écria-t-il. Oh ! Suky, je te pardonne... je te pardonne tout !... n'est-ce pas ?

— Quelle fille ? demanda Suky avec fatigue.

— Celle qu'il cherche partout... celle pour laquelle tout le monde est dehors à cette heure... enfin, l'enfant qui... que les bandits ont pris...

La vieille femme eut presque un haussement d'épaules.

— Ta fille... elle !... prononça-t-elle d'une voix rauque et dure ; ta fille ! continua-t-elle avec sarcasme, ne faisant pas attention qu'elle tutoyait l'inconnu. — Mais, c'est l'enfant du tigre... c'est l'enfant de Mac-Grütch... cette fille !

Une pensée sanglante traversa subitement l'esprit de la vieille, les rides de son front se creusèrent, ses dents claquèrent, elle tremblait.

Pendant ce temps, l'inconnu arpentait la salle à grands pas.

— Sa fille ! s'écria-t-il, la fille de cet homme ! ah ! ce serait une bien belle vengeance.

Il se reprit tout à coup :

— Mais l'autre, mon enfant ! car il y en a un autre... Ah ! qu'il garde le sien... il me rendra le mien... peut-être ! et alors...

D'un mouvement brusque, il se rapprocha de Suky, et posa la main sur son épaule.

— Et l'autre enfant ? demanda-t-il.

— C'était un garçon ! gémit la vieille, que la main de l'inconnu semblait brûler.

— Un garçon ! un fils !... où est-il ?... réponds... mais, réponds donc ! où est-il ?...

Suky garda le silence. Elle semblait si fatiguée et si faible qu'on l'eût cru prête à rendre l'âme...

Le visage de l'inconnu ruisselait de sueur.

— Où est-il ! répéta-t-il, en pressant davantage sur l'épaule qu'il tenait.

— Mort !... cria-t-elle d'une voix creuse et lente.

— Hein ! fit l'inconnu dont les genoux fléchirent.

— Mort ! te dis-je... Mort comme elle !... mort comme toi !... oh ! tu es bien mort ? n'est-ce pas ?... n'ai-je pas vu ton sang rougir les carreaux de l'appartement du vieux Laird !...

— Mon fils !... Oh ! mon fils... gémit l'inconnu.

— Ton fils, reprit la vieille, ton fils est allé vous rejoindre, ah ! les bandits l'ont pris, et les bandits ne gardent pas de prisonniers... ils les tuent !

— Merci, Suky !... ma bonne Suky, merci ! s'écria l'inconnu, avec tant de joie que la vieille femme eut un tremblement, car elle ne comprenait rien à ce revirement subit.

— Dis-moi son nom ? demanda-t-il encore.

Elle ne répondit pas, mais ses genoux s'entrechoquèrent.

— Son nom ? son nom ?...

La vieille roula sur le sol en murmurant :

— Il se nomme Reynold Mac-Fama

D'un bond l'inconnu avait gagné la porte, et maintenant, il courait, à perte d'haleine, dans la montagne.

Le silence le plus complet régnait dans la salle basse, où la vieille Suky était étendue tout de son long, évanouie.

CHAPITRE IV

LA CHAPELLE

Une petite colline rocheuse, dépendant d'Inverlochy, dont on voit au loin les grandes masses granitiques montrant leurs chauves sommets, domine, vers l'ouest, le manoir du Keel-Rock.

Le mystérieux individu qui sortait de la salle-basse où il avait eu l'étrange conversation que nous connaissons, avec Suky, gravit la colline à pleine course. Puis, il cotoya le Soway-Moras, cette plaine marécageuse qui couvre une grande partie du pays.

A une demi-lieue, devant lui, s'étendait la futaie de Donegail.

— Les coquins !... murmurait-il tout en dévorant l'espace... pourvu qu'ils n'aient pas l'idée... ce doit être un bon enfant que mon Reynold... heureusement que j'ai donné l'ordre...

Il se comprenait, mais, talonné par une pensée que nous ne connaissons pas, ses jambes semblaient avoir des ailes.

Un quart d'heure après, il entrait résolument dans les genêts qui bordent le *bog-pines*.

Soudain, et avant qu'il ait pu faire usage d'aucune arme, il fut renversé à terre et solidement maintenu par une dizaine de mains. Les unes tenaient ses bras, d'autres maîtrisaient ses jambes, en sorte qu'aucun mouvement ne lui était possible.

— Oh! la, oh!... crièrent en même temps plusieurs voix, venez vite!... nous en tenons toujours un... Mac-Grütch!

De tous côtés, à travers les arbres, on apercevait la lueur des torches qui approchaient.

Quand ses agresseurs parlèrent, le prisonnier reconnut en eux les tenanciers du manoir.

— La peste soit de ces imbéciles, murmura-t-il, il faut décidément que tout s'en mêle et le diable a beau jeu!

Le premier porte-torche qui arriva, approcha sa lumière du visage du captif.

Le Ruffian!... cria-t-il avec terreur en faisant un saut en arrière.

— Le Ruffian !... répétèrent les autres comme un écho.

Le vide se fit immédiatement autour du personnage redouté.

— Pourtant, il n'a pas son manteau, dit Mac-Godfrey qui était le plus éloigné de tous.

Celui que l'on nommait le Ruffian s'était relevé.

Il détira ses membres engourdis.

La hauteur démesurée de sa taille fit encore s'élargir le cercle.

Un éclair brilla dans sa main.

— Place ! commanda-t-il, place, au nom de l'enfer !... place, sur votre vie !...

En même temps qu'il parlait, sa claymore faisait un moulinet fantastique.

D'un bond formidable il franchit le cercle de ses assaillants et s'enfonça dans les genêts avec la sûreté d'un boulet.

— Qu'en avez vous fait ?... où l'avez-vous mis ?... s'écria Mac-Grütch en arrivant.

Mac-Grütch était craint; aussi les montagnards s'écartèrent-ils en silence, sans oser répondre à sa question.

— Mais, de par le diable, où est-il ? reprit Mac-Grütch.

— Parti !... répondit enfin Mac-Malachi-Maudlin, plus hardi que les autres parce qu'il avait ses raisons pour cela.

— Oh ! ce n'était que le Ruffian, appuya Mac-Godfrey.

— Parti ! le Ruffian !... hurla Mac-Grütch en écumant.

Il arma son mousquet et fit feu dans la direction que tous les yeux lui indiquaient. Puis, saisissant une torche :

En avant ! cria-t-il, suivez-moi !

Il s'élança tête baissée dans le taillis, interrogeant le terrain du regard.

— Du sang ! fit-il bientôt avec joie. Du sang !... suivez bien la trace, mes amis, et nous le tenons !

Mais, Mac-Grütch fut singulièrement désappointé, car la trace sanglante disparaissait tout à coup, au bout de quelques pas.

Alors, sans plus s'occuper de sa fille, pour laquelle il avait commandé cette expédition, il ordonna la retraite en injuriant ses gens.

Ceux-ci s'étonnaient qu'il mît tant de prix à la capture de cet homme. Néanmoins, on leur disait d'aller se coucher, et comme ils ne désiraient rien tant que cela, ils se mirent en route vers le manoir.

Un long cri retentit tout à coup sous le couvert.

— Halte ! fit Mac-Grütch.

Mac-Godfrey fit de ses deux mains une espèce d'entonnoir et modula un hurlement, long, cadencé, et si lugubre que tous les montagnards eurent froid dans le dos.

— Que faites-vous, malheureux ? s'écria Mac-Grütch en s'élançant vers lui.

— Parbleu ! je lui donne la direction à suivre... Ah ! ah ! je l'ai bien reconnu... allez ! c'est Mac-Fama ! et pas un autre... d'ailleurs... écoutez... voilà qu'il répond.

En effet, le même cri retentissait pour la deuxième fois dans le bois.

Peu d'instants après, Mac-Fama était au milieu de ses amis.

Il raconta comment il avait été fait prisonnier par les bandits et dit en terminant :

— Pendant les vingt-quatre heures que j'ai demeuré avec eux, vous pensez bien que je ne suis pas resté sans prendre langue. Je m'aperçus bientôt que l'un de ces brigands voulait déserter la bande. Je m'entendis avec lui et il m'aida à m'évader.

Mac-Grütch vint lui serrer la main.

— Mais, où se trouve donc l'antre de ces sauvages ? demanda-t-il ; et ma fille, est-elle avec eux ?... Dis-moi aussi leur nombre.

— Ils sont environ quarante, répondit Reynold, et tous sont solidement bâtis. Mais, si vous voulez y venir à présent, ils ne s'attendent guère à une surprise, et nous pourrons facilement délivrer Diana qui se trouve en effet dans leur caverne.

Mac-Grütch eut un rire sarcastique qui ne répondait à rien.

Reynold continua :

— Vous ne voulez donc pas secourir votre fille, Maître ?

— Es-tu bien sûr qu'elle y soit ?

— Je ne l'ai pas vue... mais, d'après leurs paroles, je ne puis me tromper.

Mac-Grütch prit le bras du jeune homme et fit quelques pas pour s'éloigner de ses serviteurs.

— As-tu vu le Rufflan ? demanda-t-il bien bas.

— Peut-être, répondit Reynold.

— Que veux-tu dire ?

— Ils étaient trois, portant un costume en tout semblable à celui de l'homme dont vous parlez.

— Trois !...

— Mais, ces trois hommes, continua Reynold, ne sont que des valets, car ils semblent obéir aveuglément à un quatrième qu'ils appellent le Laird !

— Le Laird ! répéta Mac-Grütch devenant blême.

— Je n'ai pas vu ce Laird, mais il doit vous connaître quelque peu ; parce que, sur son ordre, ses trois valets m'ont adressé, sur votre compte, des questions bien étranges.

— Qu'as-tu répondu ?

— Rien.

Mac-Grütch fit signe à ses gens de le rejoindre, et toute la troupe reprit définitivement le chemin du manoir. On marchait en silence, le maître semblait plongé dans de noires rêveries.

Cependant, la balle de Mac-Grütch avait bien frappé le Ruffian.

Mais sa course ne s'en était pas ralentie. Il se sentait poursuivi, et le sang qui coulait en abondance de son épaule, diminuait ses forces.

Pour ne pas se faire prendre, il chercha donc à l'arrêter.

Il fit un brusque détour, et, hors d'haleine, se laissa choir à terre, une cinquantaine de pas plus loin.

Puis, déchirant son plaid, il banda tant bien que mal sa blessure.

Quand tous les bruits de la forêt se furent éteints, et qu'il fut bien sûr de n'être plus poursuivi, il se releva et prit sa course.

Le nom de Reynold Mac-Fama revenait à chaque instant sur ses lèvres, et semblait le stimuler à ne point ralentir sa marche.

Enfin, il arriva au but.

C'était une petite chapelle tombant en ruine, ouverte à tous les vents, et entourée d'un buisson de houx.

Comme au dehors, les herbes et la bruyère croissaient à l'intérieur.

Tout alentour, étaient d'autres ruines, les ruines de l'ancien manoir bâti par Hugh, premier Lair du Kell-Rock.

Ce lieu avait une bien mauvaise réputation dans le pays.

Ils sont superstitieux, les braves montagnards écossais.

Le soir, à la veillée, ils racontaient l'histoire d'Aileen Gray, la vieille sorcière de Glénéil qui, quand son heure eut sonnée, fut étranglée par les *goblins* sur les ruines de la chapelle.

Autour de son corps, il y avait plus de cent mille traces de petits pieds, pas plus gros que des noix, et des marques de petits doigts pointus faisaient à son cou un collier.

Aussi n'y avait-il point de route pour aller à la chapelle, ce trou maudit et mal hanté. A quoi bon, d'ailleurs, y aurait-il eu une route ? On fuyait cet endroit comme la peste, parce que les *Daouaine-Shie* y avaient brisé la croix de Saint-Wial !

Avant d'entrer dans les ruines, le Ruffian colla son oreille contre terre et écouta soigneusement pour savoir s'il était encore poursuivi ; puis, il se releva.

Le bois dormait, silencieux.

Il s'engagea à travers la végétation, dans ce qui avait pu être l'un des bas côtés de la chapelle.

Au bout de quelques pas, il arriva devant une grosse pierre et pressa le bouton d'un secret.

Immédiatement, la dalle énorme bascula sur son pivot intérieur.

Le Ruffian descendit quelques marches rapidement, et se trouva dans le caveau mortuaire des Lairds du Keel-Rock.

A peine était-il en bas, qu'un coup sourd fit trembler la voûte.

C'était la dalle qui, après avoir accompli un demi-tour sur elle-même, venait de se refermer sur le tombeau des Lairds.

Ce caveau, bas de voûte, et de forme rectangulaire, semblait assez grand ; du moins pouvait-il servir d'asile à bien des personnes, car, tant couchés que debout, il y avait là une quarantaine d'hommes.

Ces hommes étaient pauvrement habillés ; néanmoins, ils semblaient vêtus d'une façon uniforme et militaire. Tous avaient des armes, et leurs toques étaient surmontées d'une aigrette, semblable à celle que portaient les régiments highlanders au service de l'Angleterre.

Quand le Ruffian entra dans le caveau, la plupart de ces hommes se chauffaient à un foyer dont la cheminée devait aller se perdre dans les houx.

Deux sentinelles qui veillaient au bas des

marches s'étaient, au bruit, mises en garde ; mais, à la vue du nouvel arrivant, elles saluèrent respectueusement.

— Le prisonnier ! cria tout d'abord le Ruffian.

Personne ne répondit, mais tout le monde se leva.

— Malheureux ! qu'avez-vous fait du prisonnier ? répéta le Ruffian en se précipitant, d'un bond, jusqu'auprès du foyer.

— Colonel, vous êtes blessé ? crièrent tous les bandits à la fois.

Les bandits, car c'étaient eux, ces hommes qui terrorisaient le pays, venaient d'apercevoir le plaid du Ruffian tout taché de sang.

Immédiatement, toute la bande l'entoura avec sollicitude.

Le Ruffian les écarta de son bras gauche et traversant le cercle, il mit la main sur l'épaule d'un jeune homme qui, par son costume, se faisait remarquer comme étant un chef.

— Mac-Darkly, dit-il, qu'avez-vous fait de lui... répondez ?

— Colonel, fit l'interpellé, je ne sais... Ce sont les chances de la guerre... On ne pouvait pas prévoir...

— Comment ? vous ne pouviez prévoir ? —

interrompit le Ruffian dont la lèvre était blême de fureur; vous ne pouviez prévoir ?... Malgré mes ordres ?...

Il tira son dirck et l'appuya sur la gorge de Mac-Darkly.

— Un cri de réprobation général se fit entendre.

— Silence, misérables ! commanda le Ruffian.

— Ce n'est pas la faute à Mac-Darkly, osa pourtant dire un vigoureux montagnard en arrêtant le bras du chef; s'il y a un coupable, c'est moi.

« Le sergent n'était pas là, j'étais de garde avec Gem et il a aidé le prisonnier à prendre la clef des champs. »

La main desserrée du chef laissa échapper le dirck qui vint se planter, en vibrant, dans la terre durcie ; ses sourcils froncés se détendirent, sa poitrine respira comme si on venait de la décharger d'un poids immense, et, tout en paraissant plongé dans une douloureuse rêverie, il murmura :

— Malheureux enfant, il a fui, que va-t-il lui advenir ?

— Faut être juste continua le montagnard qui prit la phrase de son chef pour une réprimande ; j'étais resté, dans la fosse, seul avec Gem et le prisonnier ; Mac-Darkly ayant emmené les autres pour faire une battue.

« Tenez, continua-t-il en montrant une large plaie qui saignait sur sa poitrine, c'est Gem qui m'a frappé ; je l'avais toujours soupçonné d'être un traître, mais il ne serait pas venu à bout de moi sans le petit, qui est fort comme un lion...

Le Ruffian se dirigea vers une excavation qui se voyait au fond de la grotte. Au moment de disparaître, il se retourna disant :

— Je suis content de vous, Mac-Darkly, vous êtes un loyal serviteur...

« Quant à toi, Mac-Connaugth, tu es un brave et je te félicite ! »

Les compliments du Ruffian étaient rares.

— Serait-il devenu fou ? dit un montagnard nommé Nic-Woolsack, aussitôt que la silhouette du Ruffian se fut perdue dans l'ombre.

— Il y a assurément quelque chose comme cela, appuyèrent les autres.

— Silence ! s'écria Mac-Darkly, songez que vous parlez de notre Laird et en même temps de notre colonel. Respect au maître !

Mais le mécontentement des Highlanders

était réel, car ils continuèrent à parler du Laird d'une façon peu respectueuse.

Les trois sosies du Ruffian, qui s'étaient faits eux-mêmes à son image et que nos lecteurs connaissent pour les avoir déjà vus dans le bog de Donegail, préparaient silencieusement, dans un coin, de la charpie pour penser la blessure de leur maître; ils sortirent en ce moment afin d'aller le retrouver.

— Que pensez-vous de ces trois grands farceurs ? demanda l'un des bandits.

— Je pense, répondit Mac-Connaugth, que ce sont de tristes camarades pour nous; ils espionnent trop bien au dehors pour en perdre l'habitude au dedans.

— On ne peut nier qu'il n'y a rien de gai pour nous d'avoir ces caricatures comme compagnons d'armes. C'est encore là une idée du Laird....

— Idée fameuse, fit Mac-Darkly qui les écoutait, car ces grands farceurs comme vous les appelez, sont d'une bravoure à toute épreuve et d'un dévouement exceptionnel.

« Ils ont probablement leurs raisons pour se taire et être peu communicatifs; mais, après tout, vous n'ignorez pas qu'ils ont déjà reçu plus d'un mauvais coup à l'adresse du colonel...

« Au lit, mes enfants ! »

Tous les Highlanders obéirent.

Peu d'entre eux, pourtant, devaient dormir cette nuit-là.

Un des sosies du Laird parut sur le seuil et fit signe à Mac-Darkly, le lieutenant, de le suivre.

Mac-Darkly était, ce soir-là, de méchante humeur, il s'empressa néanmoins de suivre dans le couloir le serviteur du Laird. Il s'apprêtait à faire un inventaire minutieux et hostile de tout ce qui se trouverait dans la chambre de son chef, où il pénétrait pour la première fois, mais son attente fut trompée.

Il avait compté sur un lit, sinon somptueux, au moins confortable.

Mais rien.

Partout le roc nu.

C'était une cellule taillée dans la pierre, sans meubles aucuns.

Un hamac en corde se balançait à la voûte.

Cette excessive simplicité réconcilia du coup le lieutenant avec son chef.

Mac Darkly était un enfant de la montagne. Jusqu'alors il avait supporté impatiemment la fierté impérieuse et rude de son colonel. Mais voyant le Ruffian, debout au milieu de sa cellule, il se découvrit respectueusement, attendant ses ordres.

Au fond de la petite pièce, Diana Grütch, voilée, occupait le siège unique.

Un valet achevait de panser la blessure du Laird.

— Lieutenant, dit le Ruffian, dans dix minutes je vais partir ; qu'une vingtaine d'hommes aussi robustes que déterminés, se tiennent prêts à m'accompagner.

Mac-Darkly disparut en saluant. Il était vraiment en veine d'obéissance, car, en toute autre circonstance, il n'eût pas manqué de faire quelques observations sur la fatigue de ses hommes et sur l'heure avancée.

Quelques instants après, une petite troupe bien armée s'engageait dans le *bog-pines*.

C'était Ruffian et ses Highlanders.

Le bruit des pas s'étouffait dans la neige.

La pauvre petite Diana Grütch, tremblante de frayeur autant que de froid, marchait au milieu de la troupe.

CHAPITRE V

MAC LE ROUGE

En 1746, après la défaite des régiments écossais à Culloden, les débris des bataillons Highlanders, diminués par des attaques continuelles, s'étaient divisés en plusieurs bandes avec l'intention d'aller défendre leurs foyers respectifs.

L'une d'elles, commandée par Mac-Darkly, et composée de quelques montagnards exaltés, malheureux, mais fidèles et braves, poursuivie de taillis en taillis par les troupes régulières de la reine, était venue, à travers les Hautes-Terres, jusqu'aux environs de Gleneil. Elle se cachait dans les cavernes de l'Inverlochy.

Mais ces malheureux, qui depuis bien longtemps ne combattaient plus que pour leur propre défense, accablés de fatigues, entourés et attaqués tous les jours par des forces supérieures qui les décimaient, allaient enfin se disperser, quand un homme se présenta au milieu d'eux porteur d'un brevet de colonel au *Reicudan-Dhu*, ce petit régiment composé de héros, que la farouche Angleterre avait écrasée sous son pied d'éléphant, après l'avoir longtemps martyrisée.

Cet homme, que nos lecteurs connaissent déjà sous le nom de *Ruffian*, fut proclamé chef de la troupe, et Mac-Darkly devint son lieutenant.

Il commença par mettre à l'abri sa petite bande de montagnards en la faisant avancer jusqu'au Keel-Rock.

Il semblait connaître tout particulièrement le pays, car son premier acte fut d'aller camper dans les ruines de la chapelle seigneuriale, située en plein bog-pines.

. . . .

Il est nécessaire que nous donnions aux lecteurs quelques détails sur la vie passée du Ruffian, pour l'intelligence même de notre récit.

Bertram de Keel-Rock, dixième du nom, était un débauché de la pire espèce, ignorant les grandeurs de la galanterie, il se vautrait franchement dans la fange. Laid, méchant et cynique, il s'était vu peu à peu abandonner par tous les gentilshommes de son voisinage. Le mariage lui répugnait outre mesure, il passait ses jours et ses nuits à boire, à jurer, à sacrer, violant toutes ses vassales, jeunes ou vieilles, belles ou laides ; il en faisait rougir les valets de son chenil, mais peu lui importait.

Cependant, quand, vers sa cinquante-cinquième année, en 1745, il fut subitement cloué au lit, par une formidable attaque de goutte, la réflexion vint, la solitude la plus complète l'entourait, pas de femme, pas d'enfant.

Il lui fallait pourtant quelqu'un pour le distraire.

Il chercha.

Parmi les nombreux bâtards, dont il avait ensemencé le pays, il se demanda s'il ne pourrait pas se choisir un fils, mais il n'y fallait point songer ; à tout prendre, un bâtard est un fils, et Bertram n'en voulait pas.

Ce qu'il désirait, c'était un hochet facile à briser ; un laquais qu'il lui serait permis de chasser au moindre caprice ; enfin, un enfant sur lequel il pourrait exercer l'autorité la plus absolue, le despotisme le plus étendu.

Toutes ces conditions réunies étaient difficiles à remplir.

La nuit porte conseil. Au milieu d'une nuit d'insomnie, Bertram avait fait son choix.

L'être sur lequel le sire du Keel-Rock avait ainsi jeté son dévolu, se nommait James Grütch. Il était fils d'un de ses vassaux.

James Grütch, surnommé Mac le Rouge, à cause de sa tignasse embrouillassée et flamboyante, était âgé de huit ans ; créature perverse, laide, méchante et vicieuse. Son naturel mauvais faisait le désespoir de sa mère et le plus noir chagrin de son père.

Chaque jour, le valet de pied du Laird charmait son humeur morose en lui contant quelques mauvais traits de l'enfant.

Ces rares dispositions avaient valu à James l'estime du vieux dépravé ; car, au récit de ces tours qui prouvaient un degré monstrueux d'hypocrisie et une froideur de calcul inimaginable, le laird riait à se tordre, il ne se sentait pas d'aise et aimait de plus en plus le diabolique enfant.

Le premier pas est bien vite fait.

James le Rouge fut introduit au château du Keel et présenté au Laird ; il devint son commensal, avec la mission expresse d'avoir à faire damner toute la maison pendant tout le jour, et de venir raconter de temps en temps au vieux sire, ses méchantes fredaines.

Cette compagnie, loin de diminuer l'état d'irritation continuel où se trouvait le maître du manoir, ne fit encore que l'empirer.

Ne sachant où donner de la tête, il épousa, quelques mois après, une noble jeune fille du voisinage, que ses parents eurent la cruauté de sacrifier à la fortune considérable autant qu'au titre pompeux du sauvage vieillard.

De ce jour, une lutte terrible et sourde s'engagea entre la jeune épouse et le mauvais garnement adopté par le Laird.

C'était une guerre implacable, sans merci ni trêve.

D'un côté étaient patience et douceur, de l'autre la fourberie, la hardiesse, l'hypocrisie.

Ce fut le bien qui l'emporta dans l'esprit du Laird qui se réconciliait un peu avec la vie.

Bientôt, un nouvel auxiliaire doublant soudain le pouvoir de la femme, Mac-Grütch dut quitter le manoir.

Le Laird avait un fils.

Mais ce fut la rage dans le cœur et avec un but de vengeance bien déterminé que le petit scélérat abandonna le château du Keel.

Tyrannisé par la maîtresse, journellement en butte aux railleries de la valetaille, ses basses complaisances et son naturel rampant ne parvenant plus à le mettre à couvert des insultes, puisque son maître ne le protégeait plus.

Il jura, et il était homme à ne point oublier son serment, il jura de tirer de tous ces gens une éclatante vengeance.

Le fils de Bertram devint un bel enfant. Randal, ignorant le sujet de la haine que sa mère portait à Mac le Rouge, s'institua son protecteur. Il lui donnait de l'argent pris sur ses petites économies, et sa plus grande joie était d'aller chez le père Mac-Grütch pour consoler son James.

Au temps de son ancienne grandeur, Mac le Rouge avait été méchant.

A présent, le pays se montrait implacable envers lui : on le haïssait, on l'insultait.

Les enfants le poursuivaient impitoyablement de leurs huées.

Sans Randal, qui le défendait de toute son autorité, il lui eût fallu fuir la contrée pour toujours.

Aussi semblait-il reconnaissant de ce que faisait pour lui le jeune Laird et promettait-il bien de le lui rendre si jamais l'occasion s'en présentait.

Après la mort du vieux Laird Bertram, le château du Keel redevint le rendez-vous de la noblesse des environs.

Le jeune Randal ne tenait en rien de son père, il était intelligent, généreux, bon et brave, c'était un digne rejeton des lairds du Keel-Rock qui ferait assurément respecter son écusson.

Quant à sa mère elle était encore jeune et jolie et son immense fortune pouvait bien satisfaire aux quelques velléités de coquetterie, que toute femme ne peut manquer d'avoir.

Cependant, Randal, ne changeait pas de manières, il avait un penchant pour la solitude qui faisait reconnaître en lui un descendant du vieux Bertram.

Il ne sympathisait en aucune façon avec les gentilshommes des environs, et demeurait obstinément lié à Mac-Grütch le Rouge, son premier ami.

Le vassal profitait amplement de l'indifférence méprisante que son seigneur semblait avoir pour ses égaux.

A cette époque, l'aversion que l'Ecosse portait à l'Angleterre, instinctive et puissante, commençait à prendre corps. Le gouvernement de la reine recrutait en effet de nombreux régiments parmi les montagnards des Hautes et Basses-Terres.

Dans toutes les batailles qui s'étaient livrées jusqu'à ce jour sur la terre étrangère, les intrépides Highlanders avaient été sacrifiés, car, par un système bien digne de la perfide Albion, on les poussait toujours sur le front du corps de bataille.

De cette façon l'Ecosse se dépeuplait peu à peu et semblait se livrer d'elle-même à sa redoutable voisine.

On venait de décréter, à Londres, la formation d'une garde d'honneur, spécialement composée d'Ecossais nobles.

Après les valets, les maîtres.

Les comtes, les barons, tous les Lairds, en un mot, durent passer la frontière pour aller se faire incorporer dans cette garde héroïque qui devait bientôt faire trembler l'Angleterre après avoir versé pour elle tout son sang.

CHAPITRE VI

LE REICUDAN-DHU

Randal, laird du Keel, fit comme tous ses voisins.

Un souffle d'abnégation, de générosité chevaleresque et de sacrifice passait alors sur la misérable Écosse décimée.

Par un beau matin de printemps, Randal entra dans la cabane de Mac-Grütch le Rouge qu'il appelait son frère bien-aimé.

— James, lui dit-il, en lui serrant affectueusement la main, je pars demain.

— Hein ? fit Mac-Grütch en fixant son regard hypocrite et cauteleux sur la noble physionomie de Randal.

— Oui, mon ami, je pars demain, avec mes frères, pour Londres.

— Tiens !... fit seulement Mac-Grütch.

— La mère patrie, mon cher James, continua

Randal, avec enthousiasme, la mère patrie est, paraît-il, en grand danger, nous allons la secourir.

Mac-Grütch eut un sourire sarcastique :

— C'est grand ! dit-il.

— Oh ! c'est tout simplement sublime ; mais, ne viendras-tu pas avec moi ?

Durant une seconde, une seconde seulement le fils adoptif de Bertram eut un plissement de lèvres étrange et mauvais.

— Partez, Laird, s'écria-t-il enfin avec emphase, partez !... moi je reste ! Votre devoir vous appelle en Angleterre, le mien me retient ici.

« J'ai mûrement réfléchi.

« Pendant votre absence qui durera longtemps, peut-être, il faut ici un ami dévoué pour garder votre bien.

« Allez défendre l'Angleterre, si je reste, moi, c'est pour vous.

Randal eut un mouvement d'étonnement.

— Pardonnez-moi si je vous offense, Laird, continua Mac-Grütch avec une rudesse hypocrite, il me faut exprimer ma pensée sans détours.

« L'Angleterre est une grande vampire, qui a besoin de vous aujourd'hui ; mais, si elle vous prie de venir la défendre, c'est pour mieux vous connaître, afin de pouvoir plus tard, vous dévorer à son aise.

« Croyez-moi, si l'Ecosse doit mourir, c'est l'Angleterre qui la tuera.

« Je reste, Laird, et sachez qu'en ce faisant, je me sacrifie pour vous contre vous-même. L'Ecosse aura bientôt besoin de défenseurs; et chaque goutte de sang versée sur la terre étrangère, est un vol fait à la patrie!

— Bon et véritable ami, dit Randal dont le cœur se fondait.

Puis, Mac-Grütch, confident des plus intimes pensées du jeune Laird, reçut en pleurant ses adieux et lui souhaita bonne chance.

Randal partit, sans prévenir sa mère.

Les opinions de celle-ci différant en tout des siennes, il n'avait pas voulu navrer son cœur en lui indiquant le but de son pénible voyage.

. . . .

Ce jour-là, Londres était en fête, sa gracieuse Majesté passait en revue, sous les fenêtres de sa résidence royale de Windsor, son nouveau régiment, composé uniquement des nobles Highlanders, le *Reicudan-Dhu* (la Garde-Noire).

Les costumes étaient brillants, les hommes

jeunes, grands, forts et fiers. Ah! c'était un beau régiment et toute l'Europe devait bientôt parler de lui.

Le jeune Randal avait été nommé lieutenant.

Nous ne suivrons pas notre héros dans ces diverses aventures guerrières. Il combattait vaillamment, voilà tout ce qu'il importe de savoir.

Toujours le premier au feu, le Reicudan-Dhu devait avoir la vie courte, car on n'acceptait dans ses rangs que des nobles, et encore fallait-il qu'ils soient Ecossais.

De lieutenant, Randal fut promu au grade de capitaine, puis à celui de commandant. Sur un champ de victoire, on le nomma enfin lieutenant-colonel.

Du régiment, si brillant, une centaine d'hommes restaient à peine.

Ce fut à ce moment que sa majesté Britannique lança ses sujets à la conquête de l'Ecosse.

Le Reicudan-Dhu déserta, tout d'un bloc, et, pas à pas, défendant avec rage chaque pouce de terrain, il regagna ainsi, à reculons, les frontières de la patrie.

Culloden fut son tombeau.

CHAPITRE VII

LE BON FRÈRE

Lors de son séjour à Londres, Randal, le jeune et brillant officier de la Garde noble avait fait la connaissance d'un réfugié français. Le cœur de ces deux hommes s'était compris.

M. Paul de Surmont, grand filateur du Nord, avait dû s'expatrier avec sa fille, Blanche, une brune enfant de seize ans, pour des raisons politiques. M. de Surmont regrettait sa patrie, mais il se consolait en parlant d'elle avec Randal. De plus, il aimait l'Ecosse, cette petite nation fière et si manifestement opprimée.

En somme, dès la première rencontre, la sympathie la plus franche s'était immédiatement établie entre le jeune Laird et l'émigré.

Bientôt leur amitié se cimenta d'une façon plus durable.

Le cœur de Randal avait parlé, il aimait Blanche, la fille de son ami.

De son côté, la jeune fille pensait bien souvent au beau lieutenant-colonel des Ecossais.

Aussi la demande fut-elle agréée avec joie et empressement.

Après la défaite navrante de Culloden, quand les armées anglaises pénétrèrent en Ecosse, pour porter la désolation sur cette nouvelle terre asservie par elles. L'ardent Randal résolut d'aller chercher sa femme pour venir s'établir avec elle au château de ses aïeux.

— Pauvre petite Blanche, se disait-il, mon bon frère, James, et moi, nous saurons bien la défendre.

Quoiqu'il n'eût jamais reçu de nouvelles de Mac-Grütch, Randal n'avait garde de l'oublier. Il voyait toujours dans ses rêves la figure calme, intrépide et ferme de son bon frère, au premier rang des martyrs, défenseurs de la patrie.

Vers la fin du printemps de 1746, une petite voiture longeait le *Solway-Moras*. A l'intérieur se trouvaient le Laird du Keel-Rock et sa femme.

M. Paul de Surmont était mort, le même jour où Randal recevait la nouvelle du décès de sa mère.

Les deux époux s'étaient enfin décidés à partir pour l'Ecosse.

Avec quelle joie ils voyaient le voyage toucher à sa fin.

Blanche, qui était enceinte pour la première fois, aimait avec passion son mari.

Elle brûlait de voir Mac-Grütch, cet excellent frère, ce vaillant cœur, l'unique souvenir de la jeunesse de son Randal.

— Il avait raison, Blanche, disait le jeune Laird, toujours raison... de nous deux c'est le seul vrai patriote, car il a gardé, lui, pour l'Ecosse, le sang que j'ai versé, moi, pour l'Angleterre.

— Je l'aime déjà, Randal.

— Oh ! oui, il faut l'aimer, le respecter, l'admirer..., tu feras bien cela pour moi, ma Blanche adorée ?

Que de beaux rêves, il faisaient ainsi, durant les heures lentes de la route.

Par la mort de sa mère, Randal devait se trouver seul maître de sa fortune.

Blanche ne demandait pas mieux que d'aimer ce chevaleresque James qui allait redevenir l'hôte et le commensal du manoir. Il serait l'ami et le mentor de l'enfant qu'elle portait dans son sein.

Quelle bonne vie Randal allait mener au château de famille, entre l'amitié de son bon frère et l'amour de sa chère Blanche.

Enfin l'on arrivait.

On vit d'abord les petits toits pointus des tourelles du château du Keel.

Tout à coup Randal se précipita au bas de la voiture et alla se jeter dans les bras d'un homme barbu qui se tenait debout sur le pas de la grand'porte.

Il avait reconnu Mac-Grütch.

Ce dernier le regarda un moment avec étonnement, puis, de rouge qu'il était, il devint subitement d'une pâleur livide.

— James, mon excellent frère, s'écria le Laird, comme je suis heureux de te revoir..., ne me reconnais-tu point ?

Puis prenant Blanche par la main :

— Tiens, James, tiens, voici ta sœur, c'est ma femme... et si tu savais comme elle t'aime déjà.

Mac-Grütch fixa son regard cauteleux sur Blanche, puis ricanna.

Randal ne voyait rien.

— Entrons donc, reprit-il, entrons, mon excellent frère, tu es ici chez toi.... n'est-ce pas, Blanche ?

La jeune femme avait le cœur serré et gardait le silence.

Mac-Grütch répondit :

— Certes, certes, nous sommes ici chez nous, comme tu le dis si bien.

La joie vive que Randal éprouvait de se trouver chez lui après une si longue absence l'empêchait absolument de voir ce que l'accueil de James le Rouge avait de contraint et de froid ; il ne remarquait pas plus de quelle façon méchante celui-ci le regardait.

Blanche, elle, le dévisageait avec surprise et effroi.

— Randal, dit-elle quand Mac-Grütch fut sorti, cet homme médite quelque mauvaise chose ; prends garde, Randal, cet homme est méchant... il me fait peur.

— Enfant, lui répondit son mari, James est bien l'ami le plus loyal qui existe, il m'aime, et puis son caractère est si noble.

— Oh ! Je voudrais te croire, mon Randal, mais c'est plus fort que moi, j'ai peur de lui... horriblement peur !

En ce moment, une dizaine d'hommes de méchante mine, couverts de kilts en lambeaux et de plaids en loques, firent irruption dans la salle d'entrée.

Derrière eux, le Rouge marchait prudemment et à distance.

— Au nom du respect dû à la propriété, s'écria-t-il, et au nom de la tranquillité de mon foyer que cet homme vient d'envahir, je vous somme de l'arrêter.

— James, fit Randal en se levant le sourire sur les lèvres, quelle est cette plaisanterie lugubre, mon frère ?...

Mais il avait à peine achevé, que déjà les drôles de mauvaise mine portaient la main sur lui.

— Arrière, manants ! cria le jeune Laird, en portant la main à son dirck.

Le malheureux voyait enfin la noire trahison de celui qu'il appelait son bon frère.

— Arrêtez cet homme, commanda de nouveau Mac-Grütch et délivrez mon manoir de sa présence qui le souille.

— Traître ! fit Randal dont l'indignation étouffait la voix ; traître ! c'est ici ton château ?

— Assez, interrompit Mac-Grütch, le traître c'est toi... laird du Keel !

— Un Laird ! rugirent les dix chenapans à la fois.

Ce titre fit l'effet d'un talisman.

C'était la condamnation de Randal. Il fut immédiatement saisi, brutalement garrotté et entraîné au dehors.

La pauvre Blanche, elle, était évanouie sur un siège.

En voyant entrer ces hommes à la figure féroce, elle avait voulu s'élancer pour défendre son Randal. Mais, quand ceux-ci portèrent les mains sur lui, vaincue par l'émotion, elle retomba sans force.

La jeune femme était assurément ravissante, mais son visage d'une douceur ineffable gagnait encore en beauté, dans ce moment où son cœur souffrait le martyre. Ainsi, pâle et renversée sur le fauteuil, ses longs cheveux noirs dénoués, épars sur son cou d'une blancheur nacrée, son sein qui bondissait sous l'étoffe légère de son corsage, lui donnaient une apparence de jeune mère de la douleur.

C'était beau, mais navrant.

Mac-Grütch qui se réjouissait intérieurement du triste fait qu'il venait d'accomplir, laissa tomber son regard sur elle.

Il la contempla un instant en silence. Puis son sourire narquois reparut, les muscles de son front se détendirent, et son visage redevint le miroir des sentiments les plus bas et les plus mauvais.

Blanche était toujours évanouie et Randal ne pouvait plus la défendre.

Pour qui eût bien connu Mac le Rouge, le sort réservé à la pauvre enfant n'eût point été douteux...

CHAPITRE VIII

UN PATRIOTE

Il convient, maintenant, de revenir un peu en arrière pour expliquer comment et par quel procédé, James Mac-Grütch le Rouge était devenu propriétaire et maître du château du Keel.

L'enfant adoptif de Bertram, malgré la sympathie apparente qu'il montrait pour le jeune Laird, était loin d'avoir oublié le serment qu'il avait fait de tirer une éclatante vengeance des affronts reçus au château.

Le départ de Randal lui laissait le champ libre. Et les événements malheureux se succédant, sa tâche allait devenir aisée.

Sans savoir encore comment il pourrait mener à bien l'exécution de ses projets, il s'était fort réjoui de l'absence de Randal, non à cause de la reconnaisance ou de l'attachement qu'il pouvait avoir pour lui, — nous n'ignorons pas que, pour si peu, James ne se serait point arrêté, — mais parce que le courage du jeune laird, joint à l'affection profonde qu'il avait inspirée aux gens de Gleneil et des environs, pouvait lui faire à lui, Mac-Grütch, quand viendrait le temps d'agir, un obstacle infranchissable.

Aussi, profitant habilement de la familiarité qu'il avait acquise au château par l'amitié du Laird, et se servant en même temps de la considération de ses pareils, il devint en peu de temps l'oracle du bourg.

D'abord, il avait recherché franchement ses égaux, feignant de revenir aux habitudes de sa condition, de son plein gré.

Les montagnards en furent contents, et lui en eurent même une certaine reconnaissance.

C'est alors, qu'arrivèrent jusqu'au Keel-Rock les premières bouffées du vent de massacre, qui passait sur toute l'Angleterre.

Quand on y apprit vaguement ce qui s'était passé à Londres et dans les comtés ; quand on sut que, d'un mouvement général, toute la population de la mère patrie, entraînée par un décret de la Reine, se ruait à la conquête de l'Ecosse, écrasant sur son passage la poignée d'Highlanders qui, jusque-là, l'avait défendu, une réaction terrible se fit dans les têtes de tous ces pauvres gens sans instruction.

Mac-Grütch jugea tout aussitôt que son projet était mûr.

Il eut la sagesse de ne point laisser passer ce mouvement de haine qui éclata subitement; bien au contraire, travaillant dans le même sens, il devint le chef naturel de tous ces patriotes du pays.

Son génie lui suggéra la matière de discours entraînants, et les élucubrations vives, mais incomprises, du tribun, eurent un succès inouï.

Le bon frère de Randal se déclarait lui-même le roi des patriotes, il ne voulait donner son sang, tout son sang, qu'à l'Ecosse.

— Il n'en est pas de même de nos Lairds, déclarait-il toujours en terminant. Tous, ou du moins presque tous sont partis, abandonnant l'Ecosse, pour aller défendre l'Angleterre, cette ogresse, qui veut aujourd'hui nous dévorer. Ils ont déserté leur patrie pour l'offrir plus tard comme une proie facile à nos voisins, nos maîtres !

Par cette éloquence, il faisait déborder la rancune populaire contre les nobles dont la conduite était à son dire si blâmable. La mine ne demandait donc qu'à éclater.

Presque tous les châteaux se trouvaient vides. Toute la noblesse, tant des Hautes que des Basses Terres, avait été s'enrégimenter dans le Reicudan-Dhu et, maintenant, les montagnards, dépourvus de chefs, demeuraient livrés à leur propre initiative.

Cependant, la dame du Keel ne partait point, elle, et en cela il n'y avait rien d'anormal, mais c'est ce qui portait à son comble le dépit de Mac-Grütch. En effet que lui importait la désertion de tous les manoirs? que lui importait le pays débarrassé de tous ses lairds, quand le château du Keel florissait encore à quelques pas de sa demeure.

Sa rage haineuse ne pouvait plus croître.

Déjà, plusieurs châteaux des environs avaient été occupés en maîtres par les montagnards révoltés.

Mais lui, le misérable, serait-il toujours condamné à voir de loin ces détestables murailles, témoins autrefois de sa honte et de sa servitude, abriter la femme qui avait sollicité cet outrage et l'en avait fait chasser comme un valet?

Lui, le patriote, qui couchait toujours sur la paillasse humide d'un taudis, verrait-il continuellement l'orgueilleuse châtelaine fouler des tapis de prix et se reposer sur de riches coussins ?

La vengeance, en bonne justice, ne pouvait tarder davantage, quelques-uns avaient satisfait des rancunes personnelles en occupant la demeure de leurs maîtres et en partageant leurs dépouilles.

Mac-Grütch, lui, voulait une restitution plus complète; il prendrait sans partage les biens dans leur entier.

Mais c'était comme un jeu du sort; en vérité, le château que protégeaient peu ses petites fortifications, pouvait à présent opposer une assez vive résistance, car cinq ou six gentilshommes des environs, qui n'avaient pas suivi leurs frères en Angleterre, étaient venus avec leur suite s'établir auprès de la châtelaine et lui constituaient une garde d'honneur.

Ce que Mac-Grütch ne pouvait acquérir par la force, il tenta de se l'approprier par la ruse. Depuis longtemps déjà, il avait noué une intrigue avec Suky, la fille de chambre de la douairière du Keel.

Mac-Grütch n'ignorait pas que Suky était femme à tout braver pour le servir. Aussi, fort de cette connaissance, il combina tout un plan machiavélique, sans même la prévenir du rôle qu'il allait lui imposer.

Ses préparatifs marchèrent rapidement

Un matin, Mac le Rouge causa longuement et en secret avec sa Suky. Que lui ordonna-t-il ? on ne sait. Toujours est-il que Suky intercéda, pleura même, mais finalement se décida à obéir.

Cinquante montagnards, préalablement enivrés, furent introduits le soir même au château ; les nobles qui s'y trouvaient furent égorgés, et la châtelaine du Keel fut enfermée prisonnière dans un donjon.

Le tout au nom du patriotisme le plus pur, — qui n'y pouvait mais.

Après ce massacre, il y eut fête complète.

Le splendide souper qui avait été préparé, dans la grande salle, pour d'autres convives, servit aux montagnards.

On chanta à la barbe de tous les Keel-Kock qui tapissaient les lambris, et l'on porta des toasts à la résurrection de l'Ecosse depuis trop longtemps asservie par les nobles.

Pendant que ses compagnons achevaient de s'enivrer, Mac-Grütch sortit sous un prétexte quelconque et se fit conduire par Suky au cabinet du dernier laird.

Là il ouvrit le coffre-fort de famille.

Le reste se devine.

Ce fut ainsi qu'à l'aide des sommes soustraites, Mac-Grütch, déjà chef de la révolte, devint l'homme le plus riche de l'endroit. Aussi ne se fit-il pas faute d'habiter le Keel et de s'en déclarer le propriétaire.

On juge bien qu'après cette prise de possession, il ne devait pas perdre plante au seul aspect de son ancien ami Randal.

Comme il se trouvait confortablement établi et installé dans sa nouvelle demeure, il songea immédiatement à se débarrasser de Randal.

Randal était le dernier des Keel-Rock.

Donc, et en définitive, c'était encore un coup de collier à donner, car une fois cet homme supprimé, il n'avait plus rien à craindre, ni embarras, ni inquiétudes.

De longue main, il avait prévu le retour de son ancien protecteur, et, comme le coupable, toujours en éveil, ses mesures étaient bien prises à l'avance.

CHAPITRE IX

TROIS BRAVES

Mac-Grüch, laissant la pauvre Blanche reprendre ses sens comme elle l'entendrait, sortit pour aller enfermer, lui-même, Randal, dans un des cachots du Château.

Dans sa prison, Randal ne se fit pas d'illusions ; il commençait, un peu tardivement, il est vrai, à connaître son bon frère.

Il fut traduit devant un tribunal composé par Mac-Grütch et condamné au nom de la patrie qu'il avait lâchement abandonnée ; au nom des oppresseurs qu'il avait été défendre.

Le lendemain, le malheureux Laird semblait vieilli de dix ans.

La nuit n'avait été qu'un long cauchemar.

Lui, condamné par sa Patrie, qu'il avait aimée, avec cette passion brûlante que le cœur d'un père ressent pour sa fille ; avec cet emportement presque divin que Dieu a mis dans le cœur des femmes pour leur premier enfant.

Condamné au nom de cette Ecosse pour laquelle il avait tout quitté ses amours et sa mère ! Sa mère, dont il connaissait à présent la mort épouvantable et terrible.

Condamné par de vils misérables, par un scélérat ignoble, qui se servait d'un nom sacré pour arriver à la spoliation, à l'assassinat même ; mettant toute son intelligence et sa force à la merci de sa cupidité.

Et les heures succédaient aux heures. Chaque minute apportant au prisonnier une pensée douloureuse qui s'ajoutait aux précédentes.

Son chagrin était morne, il n'avait pas assez de force pour haïr le lâche et méprisable bandit qui s'était joué de sa confiance.

Pourtant, un souvenir lui mettait le désespoir au cœur.

Blanche, la pauvre et douce femme, Blanche qui allait bientôt être mère, se trouvait, par son incarcération à lui, abandonnée, seule, loin de sa patrie, sur un sol où il n'y avait pour elle ni ami, ni protecteurs.

En songeant à sa Blanche, il ne put contenir un sanglot.

Ce fut d'ailleurs son seul moment de faiblesse, car il avait déjà prouvé maintes et maintes fois que de sa vie il faisait peu de cas.

Mais alors, c'était sur les champs de bataille où le trépas se présentait sous une forme enivrante et glorieuse.

Alors il ne se connaissait pas d'ennemi personnel.

Alors il n'avait pas Blanche à protéger.

Un soir, son geôlier lui lança un papier par le guichet qui s'ouvrait au milieu de la porte de son cachot.

Randal à la lecture de ce qui s'y trouvait écrit, poussa un rugissement de rage. Il s'élança avec fureur contre la porte, mais le geôlier était déjà loin. Se retournant vers le soupirail de son cachot, il bondit vers les barreaux qu'il saisit à pleines mains.

Cependant ses efforts furent impuissants et le misérable retomba ensanglanté.

Comme un lion en cage, il parcourait à grands pas son étroite prison.

Le geste convulsif, les lèvres exangues, le visage en feu, dénotaient, chez cet homme fort et si maître de lui, la fureur poussée à son paroxysme.

— Mourir de faim ! criait-il par instants, oh ! l'étrange gredin ! Pour se venger d'un homme qui ne lui a jamais fait que du bien, il trouve encore des raffinements à sa cruauté.

A d'autres moments un sanglot déchirait sa poitrine et des larmes brûlantes inondaient ses joues.

— Oh ! ma Blanche ! ma pauvre Blanche ! disait-il alors en faisant des efforts désespérés pour ébranler la porte.

Enfin, vaincu, épuisé par la fureur et les larmes, il se laissa tomber sur sa paillasse où il ne tarda pas à trouver un sommeil fiévreux, plein d'agitation et de fatigue.

Voici ce que disait le papier qui avait si fort bouleversé le prisonnier.

C'était d'abord une lettre de sa femme :

« Randal ! Randal ! criait-elle à son mari
« dont elle ne connaissait pas l'horrible posi-
« tion. Ah ! je suis bien malheureuse, par grâce
« viens à mon secours, viens me défendre, je
« suis ici poursuivie par les insultants hom-
« mages de celui que tu m'as appris à considérer
« comme ton frère. Randal au... »

La lettre se terminait ici brusquement. Le papier sur lequel se voyait des traces de larmes avait dû être arraché violemment à la malheureuse femme.

Sur le revers, une main lourde avait écrit ces mots en gros caractères :

« Le tribunal de Gléneil, érigé en cour de
« haute justice des Highlands, devant lequel a
« comparu Randal, ex-laird du Keel-Rock, accusé
« de traîtrise et de félonie envers l'Ecosse sa
« patrie, le reconnaît coupable, et pour ce, le
« condamne à périr par la faim dans le cachot
« où il est présentement enfermé. »

On voit par là que la fureur de Randal n'avait pas été sans cause, car il apprenait en même temps, et les poursuites infâmes de Mac-Grütch, et la mort épouvantable à laquelle il était condamné.

Soudain, Randal se dressa, éveillé en sursaut.

— Levez-vous, Laird, lui disait une voix dans l'oreille, votre fuite est préparée, levez-vous !

Randal ne pouvait en croire ni ses yeux, ni ses oreilles, pourtant, dans le mouvement qu'il avait fait en se mettant debout, ses fers limés étaient tombés à ses pieds. Mais il avait eu si peu de chance depuis quelque temps que des soupçons terribles lui vinrent.

Voulait-on hâter sa fin ?

— Qui es-tu donc pour vouloir me sauver ? demanda-t-il.

— Ne m'interrogez pas, je vous en prie, répondit l'homme ; le temps est précieux et une minute mal employée peut coûter la vie... Partez, Laird, oh ! partez vite... mais vous ne savez où vous rendre !... Eh bien, allez tout droit à la ferme de mon père Mac-Gilly-Krankie, au bourg de Gléneil, là vous serez en sûreté. Vous y trouverez Bill et Jack, mes deux frères, ce sont de solides montagnards. Je me nomme, moi-même, Fulck-Krankie. Notre famille se souvient de vos bontés et sans nous vanter,... ne l'oubliez pas, nous sommes prêts à vous servir.

Randal trop ému pour parler, serra seulement la main de son sauveur.

Certes, à en juger par l'échantillon qu'il avait devant les yeux, l'appui de trois braves aussi solidement bâtis ne devait pas être d'un mince secours.

Mac-Fulck-Krankie en apprenant l'incarcération de Randal, s'était immédiatement proposé comme geôlier. Il avait été agréé et depuis ce jour, tous ses instants avaient eu pour but de préparer la fuite de son prisonnier.

Grâce à ce dévouement, Randal pouvait donc s'évader sans encombres.

Tout d'abord, il se dirigea en courant, vers Gléneil. Puis, ralentissant sa course, il se prit à réfléchir.

Sa tête était en feu. Parmi les mille pensées qui traversaient son cerveau, une seule demeurait claire, limpide :

— Blanche ! pauvre Blanche !

L'ardeur de sa course, l'angoisse qui torturait son âme, ne contribuaient pas peu à redoubler l'intensité de sa fièvre.

Il faisait une chaleur accablante, une chaleur de tempête ; et quand, à la tombée de la nuit, Randal s'arrêta, exténué, il avait devant lui le château de Keel-Rock duquel il était sorti le matin même.

Pendant qu'il se reposait, assis sur un tronc de bouleau, la tête découverte, livrant son front à la brise, il eut une vague souvenance de la recommandation de Fulck-Crankie. Pourquoi n'était-il pas à cette heure à la ferme du bon montagnard qui lui avait offert si spontanément un asile des plus sûrs.

Il eut envie de retourner sur ses pas, et resta néanmoins cloué à la même place, les yeux obstinément fixés sur l'une des fenêtres du château où se voyait de la lumière.

L'orage éclatait, de grosses gouttes de pluie commençaient à tomber.

A ce moment même, deux ombres se détachèrent sur les draperies de la fenêtre éclairée. C'était d'abord le profil d'une femme à genoux et moitié nue, qui, la tête renversée en arrière, les mains jointes semblait supplier : en face d'elle, la silhouette d'un homme trapu cherchant à l'enlacer.

— Blanche !... rugit Randal d'une voix méconnaissable.

La tempête, à présent, faisait rage, et pourtant il distingua à travers les sifflements du vent, un cri plaintif, cri d'agonie qui semblait répondre à son appel.

D'un bond Randal fut à la grande porte qu'il ébranla avec fureur, mais nul ne répondit.

Courant alors sur le rebord de la douve, il arriva devant l'une des fenêtres à ogives de la salle basse.

C'était un tigre !

Mesurant d'un coup d'œil la distance qui le séparait de la fenêtre, il se baissa une seconde, puis, ses jarrets se détendirent comme des ressorts d'acier.

L'instant d'après, il était debout sur la balustrade de la fenêtre, après avoir franchi le fossé d'un saut prodigieux.

Randal, malgré cet effort inouï, n'était pas fatigué, son exaltation le soutenait. Il brisa un des vitraux avec son poing et cria :

— Suky !

— Seigneur Dieu ! c'est le jeune Laird, fit la vieille maîtresse de Mac le Rouge.

— Ouvre, femme ! ouvre donc ! dit Randal qui s'épuisait à vouloir démolir le châssis.

— Eloignez-vous, notre Laird, répondit tout simplement Suky au lieu d'ouvrir ; éloignez-vous, il vous tuerait assurément.

Randal exaspéré continua :

— Ouvre ! je te l'ordonne, ou je ne réponds de rien.

Partagée entre son ancien attachement pour la famille du Laird, qu'elle avait vu tout petit, et le souvenir de son crime, la misérable vieille joignit les mains avec effroi.

— C'est vous qui l'aurez voulu, murmura-t-elle en ouvrant la croisée.

L'écartant avec violence, Randal, en trois

enjambées, monta l'escalier qu'il connaissait bien. D'un choc formidable, il jeta en dedans la porte de la chambre de sa mère.

Le jeune Laird ne s'était point trompé ; renversée, vaincue, par l'attaque brutale de Mac-Grütch, Blanche était là, gisant sur le parquet, mêlant à ses gémissements d'horreur, des cris de souffrance et d'agonie.

L'épouvantable et hideuse lutte avait hâté le terme de sa grossesse...

Mac-Grütch, troublé par le bruit des coups frappés dans la grand'porte, avait ouvert doucement la fenêtre avant d'avoir consommé son crime. A la lueur d'un éclair il avait reconnu Randal.

Aussi, ce dernier n'eut-il pas le temps de voir cette scène ignoble, car à peine paraissait-il derrière la porte brisée, qu'un coup de sckènè-dhu l'étendait raide, sur le carreau, à côté de sa femme.

Cette nuit-là même, la pauvre Blanche mourut en donnant le jour à un fils.

Quant à Randal, grâce à la demi-complicité de Suky qui crut prêter les mains à un enterrement chrétien et non à une fuite ; grâce surtout au dévouement des frères Krankie, qui étaient arrivés au château à l'issue de la scène que nous venons de raconter, il fut transporté, dans un état très alarmant, à la ferme de ces montagnards de Gléneil.

Il fut longtemps, bien longtemps entre la vie et la mort, enfin, pendant sa convalescence, ses libérateurs le firent passer en France où il resta une vingtaine d'années.

Au bout de ce temps, il repassa la mer.

On lui avait certifié la mort de Blanche, mais Mac-Grütch élevait chez lui une jeune fille, et ce père ne pouvait plus rester dans l'incertitude.

Pour se cacher autant que possible, il endossa le singulier costume des *Ruffians* et fit prendre le même déguisement à ses fidèles, les trois Krankie.

Il rassembla bien vite autour de lui les vieux débris du célèbre régiment d'*Highlanders* le *Reicudan-Dhu*. Il avait retrouvé ses braves, et leur lieutenant Mac-Darkly.

A cette époque, l'Ecosse avait repris toute sa tranquillité. Randal eût pu s'adresser aux tribunaux pour reconquérir son patrimoine, mais sa fierté naïve se révoltait à la seule idée d'une lutte, même judiciaire, avec son misérable ennemi.

Il n'avait pas pardonné à Mac-Grütch. Pardonne-t-on ces choses ? cependant son retour en Ecosse n'avait aucun but vindicatif contre lui, il le méprisait tant, que se voyant face à face avec lui, il ne l'eût peut-être point écrasé, de peur de se souiller. Sa nature d'élite, froissée dans ce qu'un homme a de plus cher, s'était repliée sur elle-même, sans pouvoir devenir haineuse.

CHAPITRE X

LE RUFFIAN

En regagnant le château après la rencontre du Ruffian dans le bog-pines de Donegail, Mac-Grütch marchait absorbé par ses réflexions peu agréables.

— Cet homme m'est décidément suspect! murmurait-il par instant.

— Et qu'importe le Ruffian? lui dit brusquement Reynold Mac-Fama qui, s'étant approché de lui, s'indigna qu'une pareille préoccupation pût entrer dans la pensée de ce père, au moment où sa fille courait un si grand danger, ne devriez-vous pas plutôt, continua-t-il, songer à Diana!

Pour la première fois, Reynold venait de parler assez durement à son bienfaiteur. Aussi, Mac-Grütch regarda-t-il le jeune homme à la dérobée; la possibilité d'un amour entre sa fille et le fils de sa victime, vint frapper son esprit.

— Eh! Eh!... fit-il en lui-même avec un sourire douteux, si les choses venaient à changer... ce serait drôle... ma fille femme du Laird!...

Par une ironie bizarre du sort, Mac-Grütch tenait le descendant du Keel dans un état de dépendance absolument semblable au sien, lorsque, fils d'un pauvre métayer, il avait été recueilli par le vieux Laird.

Ce raffinement de volupté vindicative lui donnait bien de la joie.

Souvent, Reynold s'était senti frémir aux caprices insultants du parvenu, car il était vaillant autant que fier, mais cet amour profond et mêlé de reconnaissance, que Mac-Grütch soupçonnait pour la première fois, existait dans son cœur depuis l'enfance.

Cet amour l'aidait à supporter sa situation équivoque. Pouvait-il trop payer, d'ailleurs, la tendresse que l'opulente héritière du château daignait lui accorder, à lui, sans parents et si pauvre...

On ne doit pas oublier que Reynold se croyait le fils d'un pauvre tenancier assassiné par un Laird du Keel.

Mac-Grütch ne s'était pas fait faute de lui redire bien souvent ce mensonge perfide et la vieille Suky, sans trop savoir ce qu'elle faisait, l'avait aidé à fortifier la croyance trompeuse du jeune homme. Craignant plus que l'enfer la colère terrible de son James, elle avait toujours gardé, sur ce qui concernait Randal, un silence absolu. Aussi, lorsque dans son enfance Reynold lui demandait des détails sur son père, la pâleur au front, elle répondait d'une voix tremblante :

— Ne parle plus de cela, mon petit Reynold... n'en parle jamais... ton père était un homme bon, il fut bien malheureux !...

— Et ma mère ? interrogeait encore l'enfant.

— Ta mère ! elle était belle, oh ! oui, trop belle !...

— Et leur assassin ? continuait Reynold avec ténacité.

— Tais-toi ! tais-toi ! s'écriait alors la vieille femme, ne me parle pas de tout cela... c'était un homme puissant... leur assassin !...

Et la haine de l'enfant pour les Lairds, s'enracinait, grandissait, devenait plus sérieuse avec l'âge, parce que ces réponses concordaient trop bien avec les récits de Mac-Grütch.

. . . .

Certain de changer brusquement le cours des pensées de Reynold, Mac-Grütch n'eut pas l'air de prendre garde à la vive apostrophe du jeune homme :

— C'est peut-être quelque Laird déguisé, fit-il comme se parlant à lui-même.

Le coup était bon.

— Qui peut vous faire supposer, demanda Raynold dont la prunelle brilla tout à coup, que ce soit un noble ?

La petite troupe arrivait devant la porte du manoir. Mac-Grütch en profita pour souhaiter le bonsoir à ses gens au lieu de répondre. Mac-Godfrey et Mac-Malachi-Maudlin restèrent seuls avec lui.

— Par grâce, écoutez-moi un instant, j'ai une requête à vous présenter, s'écria Reynold en s'élançant vers Mac-Grütch au moment où il s'éloignait.

— Parlez !

— Ordonnez à vos serviteurs de me suivre, avec eux je me fais fort d'aller attaquer les bandits jusque dans leur repaire ?

— Non ! fit le Rouge après avoir réfléchi un instant, je préfère les payer.

— Vous traiteriez avec ces gens sans aveux ?

— Quand le moment en sera venu, nous saurons les traquer comme des bêtes fauves et les prendre au piège. Mais, en attendant, les payer, c'est plus sûr...

— Et comme Reynold insistait encore, Mac-Grütch l'interrompit sèchement.

— Je sais, par Dieu ! ce que j'ai à faire, taisez-vous, Mac-James !

Il frappa trois coups légèrement espacés. C'était son signal.

Au bout d'un instant, comme personne ne répondait, il frappa une deuxième, puis une troisième fois.

— Sorcière d'enfer ! hurla-t-il, Suky du diable ! ouvriras-tu ?

La fraîcheur de la nuit, qui le glaçait, ne contribuait pas peu à redoubler son impatience.

D'un mouvement machinal il poussa la porte qui céda.

— Mille diables ! grommela-t-il en pénétrant furieux dans la salle basse où Suky était, médusée, dans la position où l'avait laissé le Ruffian.

— Fille de Satan ! cria Mac-Grütch en secouant la vieille par les épaules, c'est ainsi que tu gardes le château ; pourquoi la porte était-elle ouverte ?

6.

Suky, qui croyait avoir toujours affaire à sa terrible vision de la nuit, répondit d'une voix larmoyante et sans ouvrir les yeux :

— Grâce ! grâce ! laissez-moi, par pitié ! Je n'en puis dire davantage, tuez-moi plutôt !

— Ivre ! elle est ivre ! fit Mac-Grütch en abandonnant les épaules de la vieille qui s'affaissa inerte sur son escabelle.

Les valets du manoir étaient entrés à la suite du maître, pour venir se sécher à la flamme du foyer. Mais tout à coup ils se reculèrent en tremblant.

Mac-Godfrey venait de dire :

— Il est venu !

— Est-il donc parti ?... demanda Suky que cette voix effrayée venait de tirer de son assoupissement.

— Parti... qui ?... demanda à son tour Mac le Rouge en se retournant.

Puis, comme ses gens lui montraient, en silence, le manteau laissé par le Rufflan, devant le foyer, il changea de couleur et murmura :

— Cet homme encore !... toujours lui !...

— Est-ce bien lui ? fit Reynold en examinant le vêtement.

— Oh ! oui !... répétait Mac-Grütch, c'est bien

lui, toujours ! toujours !... qui donc nous débarrassera !... Reynold, mon fils, j'ai réfléchi, continua-t-il en pressant le bras du jeune homme... je consens à t'envoyer vers ces bandits, à la condition que tu ne t'exposes pas !... car ta vie m'est cent fois plus chère, mon brave enfant, que tout l'argent que je vais te donner pour traiter avec eux... viens !...

Très surpris de ce subit accès de tendresse, Reynold s'engagea sur les pas de Mac le Rouge dans les couloirs du château.

— Vous allez nous dire ce qu'il vous a fait ? demanda Julian Godfrey à Suky quand le maître eut disparu.

— Ces choses là se racontent-elles ? fit un autre tenancier en haussant les épaules ; vous voyez bien que la vieille est muette.

Mac-Godfrey continua :

— Je me souviens bien à présent qu'il n'avait pas son manteau, dans le bois. Il était donc déjà passé par ici.

Tous les gens du manoir faisaient maintenant cercle autour de Suky.

— Mais que lui a-t-il donc fait, demanda un vieux montagnard, pour qu'elle garde un silence aussi obstiné ?

— Il lui aura soufflé dans l'oreille le jour et l'heure de sa mort!... prononça tout à coup Mac-Malachi-Maudlin.

— Malheureuse vieille ! fit le cercle en tressaillant.

— Ou il lui aura tracé une croix sur la nuque, enchérit Mac-Godfrey, et elle aura vu sa mère en enfer.

Tous se signèrent avec épouvante.

Les montagnards d'Écosse ont de ces superstitions qui les martyrisent ; mais ils se feraient hacher en morceaux plutôt que de les abdiquer.

La conversation s'arrêta subitement, Mac-Grütch revenait avec Reynold. Le maître du Keel tenait un sac d'argent dans chaque main et parlait à l'oreille du jeune homme, pour lui communiquer sans doute ses dernières instructions.

— Mes braves, dit-il tout haut, et d'un ton paternel qu'on ne lui connaissait point, vous suivrez demain matin Mac Fama qui doit me remplacer..... J'avais le choix entre deux alternatives, ou payer rançon, ou attaquer ces bandits à force ouverte. Il me peinerait de verser du sang pour le salut de ma fille !... S'il le faut, Reynold, vous doublerez et triplerez cette somme, mon fils !... Mais si vous rencontrez, continua-t-il en baissant involontairement la voix, si vous rencontrez cet homme qu'on appelle Ruffian, vous l'arrêterez !

— Arrêter le Ruffian ! firent les montagnards tous blêmes.

— Vous avez donc peur ! s'écria Mac-Grütch qui tremblait lui-même.

— Je m'en charge, moi ! dit Reynold simplement.

En ce moment, un homme, tenant par la main une femme voilée, entra par la grande porte qu'on avait oublié de fermer. L'inconnu était de haute taille, une barbe épaisse retombait sur sa poitrine ; il semblait devoir posséder une vigueur considérable, quoi qu'il fut d'une très grande maigreur.

Les valets, déjà ahuris, gagnèrent les angles de la salle en murmurant :

— Le Ruffian !

Mac-Grütch, au-devant duquel l'homme s'avançait, eut un mouvement de recul instinctif.

Au nom du Ruffian, la vieille Suky, toujours assise sur son escabelle, s'était levée, poussée par une terreur invincible, elle se jeta sur la terre aux genoux du nouvel arrivant, en criant :

— Pitié ! Pitié !

Puis, tournant ses yeux démesurément ouverts vers le groupe des tenanciers que la frayeur paralysait, elle ajouta sur un ton de Pythie :

— Lui ! lui !... c'est le châtiment !

— Silence ! commanda tout bas le Ruffian ; et il ajouta d'une voix sourde et vibrante : — j'ai à vous parler d'affaires sérieuses, Mac-Grütch, faites retirer cette vieille folle, je vous prie.

— Que venez-vous chercher dans mon manoir ? répondit le Rouge d'une voix mal assurée en faisant signe à ses gens d'emmener Suky.

— Le trou des bandits est loin, la route n'est pas commode, répondait pourtant le nouveau venu... J'ai été vous chercher votre fille... pour vous épargner une peine ainsi qu'à ces braves gens.

— Diana ! s'écria Reynold avec passion.

Et il s'élança vers elle.

— Tout doux ! jeune homme, fit tranquillement le Ruffian. Avant de lui rendre Diana, comme vous l'appelez, j'ai besoin de faire mes conditions à vous son bon père... rien pour rien !

A l'offre inattendu du Ruffian, Mac le Rouge avait éprouvé plus de surprise que de joie. Il aurait voulu lancer ses gens sur cet homme, mais il se contint, et, prenant une résolution soudaine, il s'avança vers lui pour mettre un sac d'argent dans sa main.

— Voici ta récompense, dit-il, es-tu content?

Le Ruffian retira sa main, et l'argent tomba avec bruit à terre.

— Entre nous deux, James Grütch, prononça-t-il d'une voix tonnante, ce n'est pas l'or qui peut solder le compte !

— Qui es-tu donc ? et que me veux-tu ? balbutia Mac-Grütch dont la figure avait revêtu une teinte cadavérique.

— Qu'importe qui je suis, répondit l'étranger... ce jeune homme était naguère en mon pouvoir... je veux... j'ordonne qu'il me soit livré sur l'heure !

— Misérable brigand... s'écria Reynold qui, rapide comme la pensée, avait dégainé son *dirck* et se précipitait sur l'inconnu.

Lentement, froidement, et sans effort, le Ruffian mit la jeune fille entre lui et son adversaire.

Puis, posant deux doigts sur sa bouche, il fit vibrer dans l'air un sifflement aigu.

Ce signal était bien connu.

Tous, dans la salle, en devinèrent le but et

tous regardèrent la porte avec une anxiété manifeste.

Une seconde après, trente bandits, armés jusqu'aux dents, se trouvaient rangés entre le Ruffian et les spectateurs effrayés.

Au comble de l'exaltation, Reynold s'écria :

— En avant ! en avant !... mes braves, ils ne sont que deux contre un !

Et, joignant l'exemple au précepte, l'intrépide jeune homme s'était élancé au milieu des assaillants ; mais, malgré ses efforts désespérés, il fut désarmé et fait prisonnier, car personne ne l'avait suivi.

Involontairement, Diana elle-même lui avait fait un obstacle. En effet, au moment où il s'élançait au combat, elle s'était jetée en pleurant dans les bras du vaillant enfant après s'être dégagée des mains qui la retenaient, et, sans se soucier de son père.

— Qu'il ne lui soit point fait de mal, cria le Ruffian de sa voix sonore.

— Dieu soit loué, ajouta-t-il mentalement, le le sang des Lairds n'a point dégénéré.

Il avait en effet vu, avec une joie évidente, l'attaque chevaleresque du jeune homme.

Du coin obscur où Mac-Grütch s'était retiré,

à la vue des bandits highlanders, il observait d'un œil furtif et inquiet, tous les mouvements du Ruffian.

Sa tête se courbait sur sa poitrine avec découragement.

— La vieille a parlé de châtiment!.... Serait-ce lui !... se disait-il.

Le Ruffian, l'ex-colonel du *Reicudan-Dhu* ou Randal, Laird du Keel-Rock, comme il plaira au lecteur de le nommer, s'avança lentement vers lui.

— James Grütch, dit-il avec tristesse, tu es en mon pouvoir, toi qui, au nom de la patrie, as martyrisé tous ceux qui aimaient l'Écosse....

A ce préambule, les Highlanders s'agitèrent sourdement.

— Silence !... Tu es, dis-je, en mon pouvoir, continua le Laird,... que je fasse un signe et mes fidèles vont te broyer sous leurs pieds...

Un piétinement de sinistre augure ébranla les dalles de la salle. Les Highlanders semblaient s'exercer à vide en attendant le corps du scélérat.

— Les dents de Mac-Grütch s'entre-choquaient, et il tremblait de tous ses membres.

— Silence ! fit encore Randal ; ce serait justice, James-Grütch.... mais je te pardonne en faveur de ce brave enfant.

Il montrait Reynold.

Un long soupir de soulagement sortit de la gorge de Mac-Grütch dont la respiration était interrompue depuis le commencement de ce discours.

— Oh ! ce ne peut-être lui ! murmura-t-il en lui-même ; — il ne saurait me pardonner.

— Reprends ta fille, Mac-Grütch, je n'en ai que faire ; — quand à vous, jeune homme, continua le Ruffian en s'adressant à Reynold : n'ayant aucune raison pour vous garder prisonnier, je vous rends votre liberté !...

— Il serait vrai ? dit Reynold étonné.

— Je vous l'ai dit, vous êtes libre !... Mais, demain soir, à la tombée de la nuit, il faut que vous vous rendiez, seul, à la chapelle des Lairds, dans le bois de Donegail.... vous m'entendez bien !... soyez seul !... il le faut !

— J'irai.

— Jurez-le !

— Je le jure !

— C'est bien, vous ne pouvez mentir !

Sur ces mots, le Ruffian ordonna la retraite. Il fit un salut respectueux à l'adresse de la jeune fille et prit congé de Reynold avec une politesse aussi étrange qu'imprévue dans un semblable moment.

En rendant le prisonnier, les Highlanders avaient eu peine à cacher leur mauvaise humeur; mais à l'ordre du départ, il y eut un murmure.

— Abandonnerons-nous donc aussi le vieux buveur de sang ?.... dirent-ils.

— M'avez-vous entendu ? s'écria le Ruffian qui, ayant déjà fait quelques pas vers la porte, revint d'un bond se planter devant ses hommes.

Alors quel est donc notre but ? murmura un vieux montagnard à la chevelure blanche; — nous faisons des prisonniers, et nous les rendons; nous avons sous la main un épouvantable brigand, et, au lieu de le châtier, nous refusons même son argent.

Le Ruffian se redressa de toute sa hauteur, et, rejetant d'un mouvement brusque le long manteau qui le couvrait, il parut tout à coup revêtu du brillant costume de colonel à la Garde-Noire.

Son œil hautain et sévère parcourut sa troupe d'un regard :

— Qui a parlé ? demanda-t-il.

— Moi ! fit humblement le vieux montagnard.

— Sortez des rangs et avancez, dit le colonel.

Le vieillard s'avança, le front bas, en roulant son béret entre ses mains. Il semblait accablé de honte.

— Avancez plus près encore ! continua froidement le chef.

La résine, presque consumée, jetait une dernière et lugubre clarté sur les murs enfumés de la salle basse.

Le Ruffian tournait le dos à la lumière.

Dans ces demi-ténèbres, sa haute taille se dessinait avec une majesté presque surnaturelle, avec des proportions gigantesques.

Ses longs cheveux flottaient sur son plaid multicolore, ses jambes maigres et nerveuses sortaient des plis de son *kilt* et l'aigrette resplendissante de sa toque envoyait de pâles reflets jusqu'à son visage.

Il avait la main droite appuyée sur la crosse d'or d'un pistolet à pierre posé dans sa ceinture.

Mac-Grütch le dévorait des yeux.

— Connais-tu la peine réservée au rebelle ? demanda-t-il au vieillard.

— Oui, fit celui-ci.

— Alors, à genoux !.,. et fais ta prière... tu vas mourir.

Le vieil Highlander se courba et récita lentement une invocation.

— Il y a vingt-cinq ans que je sers fidèlement ma patrie, dit-il en terminant.

— C'est un loyal Ecossais, fit toute la troupe en chœur.

Sur l'ordre du Ruffian, le malheureux se leva.

— J'étais sous vos ordres au Reicudan-Dhu, reprit le pauvre diable, et j'ai vu mes deux fils tomber dans les champs de Culloden, en défendant la frontière à mes côtés... grâce mon colonel !

— Grâce, mon colonel, grâce ! murmura-t-on alentour.

— Comment te nommes-tu ? dit Ruffian.

— Nick-Woolsack.

Une larme tremblait à la paupière du Ruffian; il songeait au passé, à ses vieux compagnons d'armes... à Blanche... peut-être... Mais il se remit bien vite, et replaçant le pistolet dans sa ceinture, il prononça avec dureté :

— Nick-Woolsack, au nom de l'Ecosse, je te fais grâce de la vie. Néanmoins, comme tu as forfait à l'honneur, tu ne fais plus partie des débris du Reicudan-Dhu, *le noble régiment.*

Le Ruffian se dirigea vers la porte.

— En route ! commanda-t-il.

Le ton bref et impérieux de cet ordre n'admettait pas de réplique.

Les bandits-Highlanders se retirèrent en silence non sans jeter un dernier regard à leur malheureux camarade.

Quant à celui-ci, il restait à genoux, comme frappé de la foudre :

— Oh ! par pitié, put-il dire enfin, tuez-moi plutôt !

— A la tombée de la nuit, demain ! dit le Ruffian à Reynold en sortant le dernier.

— Je n'oublie pas, répondit le jeune homme.

— Pauvre malheureux, continua Reynold ému de compassion et s'adressant à Nick foudroyé par son désespoir ; — pauvre malheureux, tu resteras avec nous.

Un sourire méprisant et amer éclaira le visage du vieil Highlander ; il se releva brusquement et, sans prononcer une parole, s'élança vers la porte, la franchit, puis disparut dans la nuit.

Et son corps fut retrouvé le lendemain dans le *bog-pines*. La lame de sa claymore lui traversait le cœur.....

CHAPITRE XI

COMÉDIE

Dans une petite chambre basse de plafond, éclairée par une seule meurtrière, et formant le dernier étage de la tour carrée enclavée au corps de logis du manoir, la vieille Suky dormait, étendue sur une paillasse misérable.

On était au lendemain du jour où les événements que nous venons de raconter s'étaient déroulés.

Par la meurtrière se voyaient les sommets de l'Inverlochy, bornant l'horizon.

Dans son sommeil, Suky, laissait tomber des paroles sans suite.

A son chevet un homme était assis et recueillait avidement ces paroles.

Mac-Grütch, car c'était lui, semblait suivre avec une singulière inquiétude les diverses phases du rêve de la pauvre vieille.

A chaque instant, il se levait, puis se remettait aussitôt aux écoutes, comme s'il eût espéré quelques paroles qui dussent enfin diminuer sa frayeur. En effet ce qu'elle disait lui faisait peur, de grosses gouttes de sueur perlaient à son front. Cependant, loin de se rassurer, à mesure que Suky avançait dans son rêve, le maître du Keel sentait grandir sa terreur.

Enfin, n'y tenant plus, il éveilla la vieille femme.

Suky se dressa sur son grabat et promena autour de la chambre un regard chargé d'épouvante.

— L'as-tu donc vu ? interrogea Mac-Grütch.

— Qui ?... fit la vieille en mettant sa main devant ses yeux... Qui !... non... Oh non !... j'ai fait, en vérité, un rêve affreux... mais ce n'est qu'un rêve... car comment aurais-je pu le voir... lui !... le mort !...

Mac-Grütch baissa la tête avec accablement :

— Qui sait ?... murmura-t-il.

— Qui sait ?... poursuivit Suky ; qui sait ? dis-tu ; mais qui donc le saurait, si ce n'est toi... toi, son assassin !... Oh ! ne reviens pas, James... ne reviens pas sur cet affreux souvenir !...

Mac-Grütch avait peine à dissimuler son malaise, il continua pourtant :

— Je ne plaisante point... ne t'a-t-il donc pas fait des questions ?

— Quoi ! encore ! gémit la vieille femme, mon rêve serait-il donc vrai, mon Dieu !

A présent qu'elle était complètement éveillée, le souvenir de son entrevue avec le Ruffian lui revenait plus distincte.

Suky avait bien changée depuis sa jeunesse, autant elle avait aimé Mac-Grütch autrefois, autant elle le détestait alors.

Usée par le remords et le malheur, plus encore que par l'âge, elle ne pouvait plus se repentir, mais il lui restait une faculté instinctive et double.

Une haine rancunière contre le premier instigateur du grand malheur, puis un culte superstitieux et craintif pour la mémoire de ceux qu'elle avait contribué à perdre autrefois.

Dès qu'elle en fut arrivée à ne plus douter de la visite qu'elle avait reçue la veille, l'envie lui vint immédiatement de donner le change à son maître.

— Tu vas me raconter ce qu'il t'a dit, ma gen-

7.

tille Suky ? reprit Mac-Grütch en s'appuyant avec abandon sur la couche.

La vieille le regarda d'un air innocent.

— Si c'est lui, dit-elle, il a bien vieilli.

— Vingt années écoulées ne sont pas faites pour rajeunir celui qui les porte ; t'a-t-il parlé d'elle ?...

Quand Mac-Grütch la pressait de questions auxquelles il ne lui plaisait pas de répondre, c'était assez l'habitude de la vieille de feindre l'idiotisme. Aussi jouait-elle fort bien son rôle. Embarrassée par la dernière question de son complice, elle eut pour cette fois encore recours à son stratagème, et répondit en souriant :

— Elle avait nom Blanche ? n'est-ce pas, sa femme ? Oh ! je me souviens, elle était bien belle !.... Avec de beaux cheveux noirs, une voix douce, comme doit être celle d'un ange.... elle était bien jolie !.... oh oui !.... mais bien plus malheureuse encore !....

— Damnée ! murmura Mac-Grütch, qui avait vainement essayé de l'interrompre.

— Damnée ! s'écria Suky, affectant de ne point comprendre ; elle damnée ! oh ! non, elle est au ciel où elle prie Dieu de te garder une bonne place dans l'enfer.... à toi, son meurtrier !....

Non James, non ! c'est nous qui sommes damnés !..... Ah !...

Elle exhala le dernier mot dans un grand cri, puis avec un ricanement stupide, elle s'enfonça sous ses couvertures.

Mac-Grütch voyant qu'il ne pourrait rien en tirer, quitta la partie, de guerre lasse.

— Je suis bien bête de l'interroger, après tout, se disait-il en descendant, ai-je besoin de ses réponses ?... Ne l'ai-je pas assez bien reconnu, lui !...

Dans le petit parc du château, sous une charmille touffue sans doute en été, mais alors dépouillée de toutes ses feuilles, Diana et Reynold causaient. Ils avaient tant de choses à se dire.

Les deux jours précédents avaient été féconds en événements.

Les yeux baissés, Diana souriait et secouait doucement sa jolie tête blonde en écoutant Reynold qui, dans le feu de son débit, avait passé son bras autour de la taille de la jeune fille et continuait avec chaleur.

Toujours poursuivi par la pensée sombre qui l'avait empêché de fermer l'œil de la nuit et qui le tourmentait alors plus que jamais, Mac-Grütch en quittant Suky avait gagné le jardin.

Ses pas le conduisirent tout naturellement derrière la charmille dont le treillage nu ne put lui cacher aucun détail de la scène. Son esprit infernal lui suggéra aussitôt une idée qui vint changer le cours de ses pensées.

Son œil brilla d'un éclat cruel derrière son épais sourcil :

— Oui !... oui !... se disait-il. Oh non ! pourtant, ce serait trop fort ! son père !... diable, il ne faut pas qu'il le tue... qu'il me l'amène, seulement... après... oh ! nous saurons toujours nous arranger...

Sa réflexion s'arrêta court.

— Je vous aime !... oh ! je vous aime, Diana ! disait Reynold.

— A moi la réplique, pensa Mac-Grütch.

Et, s'étant rapidement composé un visage de circonstance, il pénétra sous la charmille.

Il joua son rôle en artiste consommé.

— Oh !... fit-il en se reculant.

Le cri venait du cœur et pouvait passer pour de la stupéfaction et de la douleur non feinte.

Mac-Grütch prit ensuite un ton d'une amertume poignante.

— C'est donc là ma récompense ? Est-ce ainsi

que l'on devait payer mon hospitalité....., et mes bienfaits ?...

— Mon père ! dit Diana.

Reynold restait sans voix.

— Sortez à l'instant, Mac-Fama, continua Mac-Grütch, qui, pour donner plus de force à son apostrophe, s'était croisé les bras sur la poitrine.

— Oh ! mon maître ! balbutia Reynold confus, debout devant son juge...

Certes, si Reynold se fut retiré en cet instant, Mac-Grütch n'aurait su que dire ni que faire. Mais le jeune homme restait.

Il reprit donc en levant les yeux au ciel :

— Ah ! la perversité des hommes est immense... mais l'ingratitude poussée à ce point...

Il s'arrêta comme suffoqué. Cela le dépassait, le brave homme.

— Mac-Grütch, par pitié, veuillez m'entendre, put enfin dire Reynold, je suis innocent, je vous le jure...

— Silence ! Mac-Fama, n'ajoutez pas le mensonge à l'infamie...

— Je vous proteste.

— Silence ! vous dis-je... Et vous, mademoiselle, direz-vous aussi que vous êtes innocente ?

La pauvre enfant éclata en un sanglot.

— Oui ! Mac-Grütch, répondit Reynold avec dignité... oui ! votre fille est innocente, comme le sont les anges !...

— Assez ! Mac-Fama, assez ! je l'ordonne !.. les grands mots ne servent à rien, ici. Voudriez-vous me tromper encore ? Je vous ai recueilli, je vous ai servi de père... et vous... malheureux... vous cherchez à m'enlever ma fille !

— Je vous affirme !...

— Et vous avez réussi à surprendre son cœur ! s'écria Mac-Grütch durement. Car je parierais qu'elle vous aime ! Mais qu'espériez-vous donc, Mac-Fama ?

Jamais Reynold ne s'était adressé cette question à lui-même, et, quand on la lui posa, il mesura subitement la distance effrayante que mettait entre lui et Diana la fortune de Mac-Grütch. Aussi baissa-t-il la tête sans répondre.

Mac-Grütch lui lança un regard chargé de mépris. Puis, prenant sa fille à part, il lui demanda sur un ton à la fois paternel et sévère ;

— L'aimez-vous Diana ?

A la troisième question du même genre, mais seulement à la troisième, la jeune fille répondit par un *oui* inintelligible.

— Ah ! malheureuse enfant !... voilà ce que

je craignais ! s'écria Mac-Grütch avec un geste dramatique.

Et il regagna à grands pas le château, emmenant avec lui sa fille.

Quelques minutes après, Reynold, mandé par ordre du châtelain, était introduit dans son cabinet.

L'honnête Mac-Grütch semblait abîmé dans la plus profonde douleur, il le regarda d'un œil austère, et lui ayant gravement montré un siège, il commença :

— Sous l'empire d'une colère bien légitime, j'ai pu vous parlez sévèrement, méchamment même ?... J'ai pris le temps de réfléchir... Voici mes ordres : Il faut que vous épousiez Diana !... Entendez-vous... Mac-Fama ?

— Oh ! Mac-Grütch ! interrompit le jeune homme avec une joie délirante.

— Ou que vous soyez chassé du pays comme un vil scélérat et comme un misérable mendiant !... poursuivit Mac-Grütch d'un ton glacial. — Taisez-vous ! continua-t-il presque aussitôt, je ne vous interroge pas... Vous chasser serait pour moi la chose du monde la plus facile... vous n'ignorez pas que je suis ici, seul maître et seigneur... Eh ! parbleu, je sais bien que vous allez me répondre : Je ne demande pas mieux que d'épouser Diana, mais, moi, je ne le veux pas, Mac-Fama !... Je ne le veux pas !...

Reynold, ne sachant pas où Mac-Grütch voulait en venir s'écria :

— S'il faut partir !...

— Silence ! interrompit le Rouge... non ! je ne veux pas que vous épousiez ma fille... ou, pour mieux dire, je n'y consentirai qu'à une seule condition.

— Ah ! parlez ! parlez de grâce !...

— Veuillez me prêter une oreille attentive... une fois déjà, je vous ai touché quelques mots sur ce sujet, et vous m'aviez paru assez disposé...

— Mais de quoi s'agit-il ?

— J'ai un fort grand intérêt à ce que l'homme qu'on appelle le Rufflan, et qui, comme je vous l'ai déjà dit, n'est autre qu'un ancien Laird du pays... j'ai un fort grand intérêt à ce que cet homme soit arrêté...

— Commandez à vos gens de me suivre ! interrompit Reynold bouillant d'impatience.

— Mes hommes... je vous les donnerai... mais j'ai surtout à cœur d'éviter le bruit...

Et voyant que Reynold l'interrogeait toujours

du regard, Mac-Grütch, mécontent de n'avoir pas été compris à demi-mot, reprit avec un sourire diabolique :

— Je désirerais que cette capture se fît, en famille !... je veux éviter, en un mot, le retentissement à tout prix !

— A tout prix ! fit Reynold.

— Me comprenez-vous, enfin ?

— Je ne sais...

— Eh bien ! je vais m'expliquer clairement cette fois... Vous avez un rendez-vous avec cet homme...

Reynold eut un mouvement de recul auquel le Rouge se méprit.

— Oh ! continua-t-il, vos hommes seront embusqués d'avance... vous ne courrez aucun danger... Je l'entends bien ainsi...

— C'est une infâme trahison que vous me proposez-là, Mac-Grütch ! s'écria Reynold avec hauteur, et jamais ! jamais ! je ne ferai cela.

Mac-Grütch, dominé par la voix énergique du jeune homme, autant que par sa pose d'une noblesse méprisante, ne savait plus que dire. Il balbutia pourtant au bout d'un instant :

— Mais permettez ! c'est une ruse de guerre... tout simplement !...

Sans l'écouter d'avantage, Reynold s'inclina froidement et gagna la porte.

Quand Mac le Rouge fut seul, il grommela, écumant de rage :

— Ce damnable sang ne peut donc point mentir !... honneur ! honneur ! Eh pardieu ! nous saurons bien nous passer de lui.

Par extraordinaire, Mac-Grütch avait dit vrai. Il lui importait qu'à tout prix la capture du Laird se fît en silence...

En effet, l'Ecosse était pacifiée, et, dans la position de Mac-Grütch, l'éclat d'un débat judiciaire devenait chose redoutable ; car, quand vient l'heure de la justice, les forfaits les plus vieux trouvent toujours des témoins pour les condamner.

Si Reynold avait voulu promettre son aide et le silence, tout danger aurait disparu ; mais, à présent, il n'y fallait plus compter.

Pour le remplacer, Mac-Grütch avait le choix entre tous les coquins de son entourage. Il jeta les yeux sur Mac-Malachi-Maudlin, le plus parfait gredin entre tous ses complices.

Mac-Malachi-Maudlin n'était pourtant ni dévoué, ni brave, mais, dans la circonstance, ces qualités ne devaient point servir.

Il fallait, par contre, un esprit peu superstitieux et sceptique.

Mac-Grütch ne pouvait mieux tomber, Mac-Malachi-Maudlin passait pour être quelque peu compère de Satan.

Mac-Malachi-Maudlin n'était pas sans se douter d'une partie des forfaits de son opulent seigneur.

Durant l'entrevue qu'ils eurent ensemble, il fut complètement édifié au sujet de la scélératesse de son cher patron.

— Il demeure bien entendu, Mac-Malachi-Maudlin, dit le Rouge en prenant congé de lui, qu'il est inutile de le tuer !...

— Pourtant... s'il résistait ?...

— De par l'enfer ! vous avez des conclusions embarrassantes, reprit Mac-Grütch en souriant bonnement ; ma foi... écoutez donc, vous ferez, je le pense, pour le mieux !... Un malheureux coup est si vite porté !... Dans un pareil moment...

Bien que cet homme fut son confident ordinaire, Mac-Grütch craignit d'en avoir dit trop long.

— Je n'ai pu dire cela, s'écria-t-il vivement, répondant au geste d'approbation énergique qu'avait fait Mac-Malachi-Maudlin ; — vous me comprenez fort bien, et comme vous êtes un homme prudent, je m'en rapporte complètement à vous.

Mac-Malachi-Maudlin devait donc accomplir ce que Reynold n'avait point voulu faire. Moyennant une somme assez ronde, il consentait à prendre avec lui les tenanciers les plus résolus, et à guetter le Ruffian au lieu du rendez-vous.

CHAPITRE XII

LE PLAID ÉCOSSAIS

Mac-Fama n'était pas de ceux qui, s'élèvent d'abord avec indignation contre la honte proposée, pour revenir ensuite sur un premier refus, ou capituler

Le jeune homme, au contraire, ne se repentait pas ; et pourtant, en songeant à la blonde Diana, à son amour qu'il savait partagé, maintenant, il maudissait le sort qui, par un jeu cruel, semblait lui présenter d'une main le bonheur pour le lui arracher de l'autre.

Après être sorti du cabinet de Mac-Grütch, le désespoir au cœur et la tête en feu, il parcourait tristement les allées du parc, cherchant partout Diana pour lui faire ses adieux, lorsqu'il s'entendit appeler soudain.

Il allait s'éloigner du château, n'ayant vu ersonne aux fenêtres, quand, pour la seconde fois, son nom ayant été prononcé, il reconnut la voix cassée de la vieille Suky.

En toute occasion, la vieille femme lui témoignait une tendresse que la force du souvenir changeait parfois en respect.

C'est qu'elle voyait en lui, non pas l'enfant élevé par compassion, mais le fils, l'héritier de ses anciens maîtres. Pour elle, Reynold était toujours un enfant, parce que, depuis bien longtemps déjà, elle ne comptait plus les années et ne s'était point aperçue qu'elle avait affaire à un homme.

Elle était tourmentée du désir de le voir, depuis le matin de ce jour.

Elle se sentait mourir.

Les émotions de la nuit avaient si rudement secoué son vieux corps, qu'avant d'aller rendre compte de sa longue et misérable vie, elle voulait, en dévoilant à Reynold le secret de sa naissance, sinon réparer la faute, éviter du moins de nouveaux malheurs.

De son côté, Reynold avait besoin de confier ses chagrins à quelqu'un.

Il répondit donc à l'appel de Suky; mais, tandis qu'il gravissait l'escalier de la tour, la vieille avait songé à Mac-Grütch !... et sa résolution n'était plus si ferme.

Qui sondera jamais les profondeurs du cœur humain ?

Elle avait pensé à Mac-Grütch, et elle songeait au sort affreux qui lui serait réservé s'il apprenait jamais qu'elle eût désobéie à ses ordres...

Or, elle voulait mourir en paix.

Quand le jeune homme entra, elle demeura embarrassée et indécise, mais voyant la physionomie consternée du pauvre Reynold, cela lui fournit un prétexte facile pour entamer la conversation.

— T'est-il donc arrivé malheur, mon petit Reynold ? dit-elle.

Désireux de décharger le trop-plein de son cœur, le jeune homme lui raconta, tout d'un trait, les propositions dégradantes de Mac-Grütch, ce qui le forçait à abandonner l'espérance de faire partager un jour son amour à Diana.

La vieille l'interrompit plusieurs fois par des exclamations de colère et de surprise, pendant qu'il contait la scène du cabinet.

Très étonné de cette chaleur d'indignation, Reynold s'interrompit lui-même, disant :

— Mais après tout, ma bonne Suky, n'a-t-il

pas raison de souhaiter la captivité de cet homme?

— Raison !... s'écria la vieille dont la colère éclata terrible; il a raison ! et c'est toi qui me dit cela...... mon petit Reynold !...

— N'est-ce point un Laird déguisé?

— Il t'a dit cela aussi ?

— Oui...

— Pauvre enfant !... et tu détestes les Lairds !... il t'a soufflé cela encore !... Il t'a dit : c'est un laird ? et tu as voulu le tuer !... Oh ! je reconnais bien là l'esprit infernal de mon James; le mensonge mélangé à la vérité !...

— Mais, dis-moi ! continua-t-elle avec agitation; tu as refusé n'est-ce pas ?

— Oui !

— C'est bien, cela, mon petit Reynold ! tu es un noble enfant et tu seras récompensé...... continue ?

— Après ! dit enfin Reynold avec effort, au bout de quelques secondes d'hésitation; après ! il m'a chassé !... ma bonne Suky.

Pour la première fois depuis des années, le vieux sang de Suky retrouva le chemin de sa joue; il semblait que l'insulte la frappait elle-même; son œil brilla comme au temps de sa jeunesse et elle s'écria avec force en se dressant toute droite :

— Chassé !... vous, mon jeune maître ! on vous a chassé du Keel !... on vous a chassé parce que... Ah ! l'abaissement d'abord... puis... peut-être... le parricide !... Ah !...

Effrayé de ce transport subit, Reynold s'avança pour la soutenir, mais Suky étendit le bras vers lui et continua :

— N'approchez pas !... n'allez pas vous salir en touchant la servante avilie !... Qui donc a le droit de vous chasser du Keel-Rock !... vous... l'héritier du Laird !...

— Pauvre Suky ! dit Reynold qui la croyait folle, je vous prie... calmez-vous !

— Me calmer ! reprit la vieille, me calmer, quand le descendant de mes seigneurs !... Ecoutez ! continua-t-elle après une légère pose ; — je brûlerais éternellement aux flammes de l'enfer si je me taisais plus longtemps ; James est un traître !... James est un menteur !... il vous a trompé sur votre naissance !... Ah ! Dieu ! je l'entends monter !...

Reynold était devenu tout oreille. Il attendait la suite de cette révélation ébauchée. Suky avait prononcé ces dernières paroles avec tant de netteté qu'il ne pouvait croire plus longtemps à un dérangement d'esprit.

Cependant ce qui restait de volonté dans le pauvre cerveau de la vieille était plus vacillant que la flamme d'une lampe exposée au grand air.

Le cours de ses idées avait changé : l'indignation faisait place à la terreur. Les mains jointes, les yeux démesurément ouverts, elle regardait la porte avec épouvante.

— Vous parliez de Mac-Grütch, dit Reynold, croyant venir en aide à sa mémoire.

— Oh ! je suis si vieille, murmura Suky, je ne me souviens plus. Ai-je réellement parlé de James ?

— Vous me disiez qu'il m'avait trompé sur ma naissance.

— T'ai-je dit cela ? mon petit Reynold ; je ne sais, il ne faut pas toujours me croire, la vieillesse fait dire tant de sottises.

Reynold avait trop d'esprit pour se laisser dérouter ainsi.

Cependant, comme la réserve soudaine de la vieille femme donnait encore une plus grande apparence de vérité aux paroles qui lui étaient échappées ; il chercha par tous les moyens à la faire achever.

Mais Suky était à présent sur ses gardes, et toutes les questions de Reynold demeurèrent sans réponse.

— J'aurais pourtant voulu....., fit alors le jeune homme en se dirigeant vers la porte, j'aurais pourtant voulu, avant de quitter le Keel pour toujours...

— Ah! c'est vrai! s'écria la vieille, il t'a chassé !... Ecoute !...

Elle eut encore une seconde d'hésitation. Puis attirant brusquement le jeune homme vers elle, assez près pour que sa bouche toucha ses cheveux, elle lui murmura tout bas dans l'oreille :

— Si tu veux savoir le nom de ton père... va voir le Ruffian !...

— Le Ruffian !

— Tais-toi ! interrompit Suky en jetant autour d'elle un regard terrifié. Va, mon brave enfant, et, demain, quand la pauvre vieille sera morte, plains-la, mais ne la maudit pas !

Reynold malgré son insistance ne put en obtenir davantage.

Bien longtemps avant l'heure indiquée, il se promenait avec impatience sur la lisière des bog-pines de Donegail, attendant le Ruffian, qui ne venait point assez tôt à sa fantaisie.

Confiant dans la parole de Reynold, ce dernier ne voulut prendre aucune précaution pour se rendre au lieu du rendez-vous.

Cependant, les trois frères Krankie, ses *ombres* fidèles et dévouées, mis au fait par les causeries des Highlanders, l'avaient en vain pressé de se faire accompagner.

— L'idée d'un soupçon ne peut pas même entrer dans mon cœur, alors que je vais trouver Reynold, l'héritier du Keel, répondait-il à toutes leurs instances.

Au moment où le soleil disparaissait à l'horizon pour faire place à la nuit, le Ruffian sortit du bois, dans lequel il s'était tenu jusqu'alors, et s'avança vers Reynold.

En cet instant même, sur la lisière que le Ruffian venait de quitter, on eut pu voir trois têtes exactement semblables sortir du fourré pour s'y renfoncer aussitôt.

C'étaient les trois frères Krankie, qui n'avaient pu se décider à abandonner ainsi leur maître.

— Quel que soit l'objet de cette entrevue, dit vivement Reynold au Ruffian, permettez-moi de vous adressez une question tout d'abord : Vous connaissez mon père ?

Le regard que le Ruffian jeta sur Reynold, exprimait la plus profonde stupéfaction.

— Répondez, au nom du ciel ! répondez, je vous en supplie, continua ce dernier ; le nom que je porte est-il le sien ?

— Non !... répondit fermement le Laird.

— Comment le nommait-on ?

Le Ruffian hésita.

— Par grâce ! s'écria Reynold en joignant les mains ; dites-moi le nom de mon père !

— Mon jeune ami, dit le Ruffian de sa voix vibrante, je vois qu'un autre a déjà commencé ma tâche... vous demandez la vérité... et vous savez déjà que le mensonge existe... la vérité, vous allez la savoir, car nous sommes tous deux ici, vous pour l'entendre, moi pour vous la dire.

« Veuillez me prêter un attention sérieuse : l'histoire est longue...

Un bruit lointain de pas qui venait du côté du château, fit prêter l'oreille au Ruffian.

— Qu'est-ce donc ? fit Reynold avec inquiétude.

Toutefois le Ruffian qui l'observait ne put distinguer sur la physionomie du jeune homme que l'étonnement et la curiosité la plus vive.

8.

Il continua donc :

— Mon jeune ami...

Il parla longtemps, bien longtemps; mais le lecteur connaît déjà tout ce qu'il put dire. Il s'abstint cependant de prononcer le nom du père de Reynold.

Il s'arrêta plusieurs fois au cours de son récit, croyant ouïr un bruit dans les genêts, comme si des hommes s'approchaient en rampant.

La voix de Reynold demandant la suite du récit et le nom de son père, le rassurait toujours.

Il venait de lui raconter la mort de Blanche, et ouvrait la bouche pour prononcer enfin le nom tant désiré, lorsqu'un bras vigoureux le terrassa par derrière.

— Trahi !... et par lui ! fit-il avec désespoir.

Rassemblant ses forces, il se leva d'un bond; mais il fut immédiatement entouré par une trentaine d'hommes armés.

Reynold n'était plus là.

— Une seconde plus tard, et le malheureux aurait su le nom de son père, dit le Laird en lui-même; maintenant, jamais !

A quelques pas de là, le pauvre Reynold,

ivre de rage, un bâillon sur la bouche, était retenu par les tenanciers du manoir.

Randal, ou le Ruffian s'apprêtait donc à suivre ceux qu'il croyait les complices de son fils, lorsque sous le couvert une cornemuse entonna un *pibrock* guerrier.

C'était la charge du *Reicudan-Dhu*.

Ses Highlanders ne devaient pas être loin.

D'un dernier effort, il dégagea un de ses bras, et les deux hommes qui le retenaient tombèrent pour ne plus se relever, l'un avait la gorge traversée par le *dirck* du Laird, et l'autre portait son *skéné-dhu* planté dans le cœur.

Les trois frères Krankie, renversant tout ce qui s'opposait à leur passage, arrivèrent au même instant jusqu'à lui.

La force et l'intrépidité peu commune de ces quatre hommes les rendaient redoutables. Ils soutinrent pendant longtemps l'effort des trente hommes de Mac-Grütch; mais leurs bras faiblirent enfin.

Le Laird, blessé en plusieurs endroits, ne parvenait qu'à grand'peine à parer les coups.

— Au plaid écossais ! au plaid du chef ! criait sans cesse Mac-Malachi-Maudlin, qui, comme tout bon général, pendant une bataille, jugeait prudemment des coups à l'écart.

Une fois la première surprise passée, voyant le petit nombre de leurs ennemis, les hommes de Mac-Malachi-Maudlin s'étaient rués sur ceux-ci avec furie. L'issue de la bataille n'était point douteuse.

Voyant qu'ils ne pouvaient suffire à protéger leur maître, les trois braves serviteurs, se consultèrent un instant du regard. Puis d'un mouvement rapide arrachant le plaid du Laird, Fulck-Krankie se le passa en bandoulière; alors, faisant tournoyer sa claymore, il se précipita au plus épais de la mêlée.

Mac-Malachi-Maudlin, qui n'avait rien vu, criait en ce moment même :

— Au plaid ! mes enfants !... Au plaid écossais !...

Fulck tomba héroïquement, pendant que, profitant de cette diversion, les deux autres Krankie entraînaient le Laird dans le bois.

Fier de sa victoire, Mac-Malachi-Maudlin fit placer le cadavre du modeste héros sur un brancard et toute la troupe se mit en marche vers le manoir.

Sur le pas de la grande porte, Mac-Grütch attendait.

Il avait compté les minutes et son impatience n'avait réussi qu'à lui communiquer une fièvre de cheval.

De loin, Mac-Malachi-Maudlin cria :

— Victoire ! nous l'avons eu, mais non sans peine !

— Vivant ? demanda Mac-Grütch dont le visage était livide.

— Mort !

Le visage du traître put s'épanouir en toute liberté, car il faisait nuit noire. Il s'écria pourtant :

— De par le diable !... ne vous avais-je point recommandé...

— Certes, interrompit tout haut le complice, je suis coupable d'avoir outrepassé la lettre de vos instructions... mais ajouta-t-il plus bas, j'en ai suivi l'esprit, Mac-Grütch !

Ils se serrèrent chaleureusement les mains.

Le cadavre avait été placé dans la salle basse. Mac-Malachi-Maudlin et ses hommes s'étaient retirés, et Mac-Grütch, seul avec sa victime la contemplait.

— Est-il bien mort, cette fois! se disait-il, n'osant approcher.

Le plaid écossais du mort avait été étendu sur lui en guise de linceul, et voilait son visage.

Une terreur superstitieuse retenait le bras de Mac-Grütch, il n'osait y toucher. Mais enfin, faisant effort sur lui-même, il le souleva tout à coup et approcha sa résine.

— Enfer! s'écria-t-il, ce n'est pas lui!...

CHAPITRE XIII

LE FEU ET L'EAU

Nous retrouvons quelques heures après, Mac-Grütch seul dans son cabinet, au moment où il venait de terminer ses préparatifs de départ. Il comptait monter sur un bon cheval et gagner l'étranger, dès le lendemain.

Pour être plus sûr de s'éveiller au petit jour, il s'était étendu tout habillé sur son lit : mais c'est en vain qu'il essayait de fermer ses paupières ; sa conscience, à la mémoire inexorable, lui rappelait en foule tous les événements de sa vie exécrable.

Et toujours l'image de Randal, sire du Keel, passait devant ses yeux. Il le voyait tantôt renversé dans son sang et couvert de blessures, tantôt debout, levant sur lui son bras vengeur.

Ses remords le tuaient à petit feu. Il gémissait terrifié.

Mais aussi, il lui avait fait tant de mal à ce Randal.

Sa mère!... sa femme!... son fils !...

Il eut voulu voir l'océan entre lui et le Keel, qui ne lui semblait plus un asile sûr.

Soudain, la porte tourna sans bruit sur ses gonds, et Suky, plus faible encore et plus engourdie que la veille, entra comme un spectre.

Chancelant à chaque pas, s'appuyant à tous les meubles qui se trouvaient sur son passage, elle se traîna vers Mac-Grütch et ne s'arrêta qu'à son lit.

— James, dit-elle d'une voix creuse, nous allons mourir!... Songe à Dieu!...

La vieille songeait-elle donc enfin à Dieu que son amour pour James lui avait fait méconnaître pendant si longtemps ?

Au son de cette voix qui était encore un souvenir, le maître du Keel tressaillit.

Il ouvrait la bouche pour lancer à la vieille quelque brutale malédiction, mais il s'arrêta tremblant, à la vue de son visage blême.

— Suky se laissant tomber sur un siège, reprit en haletant.

— Nous allons mourir, James!... moi, parce

que c'est la volonté de Dieu !... toi, parce qu'il le veut, *lui !*

— Qui? interrogea Mac-Grütch ; et pourquoi me parler de Dieu ?

— Pourquoi m'arracher d'inutiles paroles, à moi dont les minutes sont comptées?... tu sais bien de qui je veux parler... Ah! je t'ai aimé, James !... je t'ai aimé jusqu'à commettre un crime pour toi !... Mais j'ai tant pleuré mon Dieu... que j'espère encore le pardon... Ne te repentiras-tu pas, James?

— Quand je verrai la mort d'aussi près que toi, ma pauvre Suky, je me repentirai peut-être, répondit Mac-Grütch en essayant de sourire.

— Alors ! repens-toi !... car tu vas mourir !

C'était un spectacle hideux de voir cette pauvre figure parcheminée, d'une lividité transparente et d'entendre sa voix qui ressemblait au hoquet des agonisants.

En prononçant ces dernières paroles, elle avait étendu son bras décharné vers la fenêtre.

Mac Grütch suivit ce geste et vit les arbres du parc, ainsi que les hauteurs environnantes éclairés par une lueur rougeâtre.

— Le feu !... cria-t-il en se précipitant vers la fenêtre pour appeler.

Mais par toutes les ouvertures du rez-de-chaussée des langues de flammes sortaient déjà.

Mac-Grütch s'aperçut alors que le parc était habité par de grandes ombres noires immobiles, qui semblaient contempler l'incendie.

Plus loin, sur la digue qui séparait le Solvay-Moras du Manoir du Keel-Rock, il vit encore de ces ombres travailler à un ouvrage que l'éloignement ne lui permettait pas de distinguer.

— Les Highlanders-bandits ! gémit-il avec découragement.

— Repens-toi ! James, dit Suky en un râle ; ne reconnais-tu donc point son œuvre ?... c'est lui ! il en a le droit !... repens-toi !

Fou de terreur, Mac-Grütch ne l'entendait pas, il allait et venait au hasard.

Saisissant enfin son portefeuille, il s'élança vers la porte.

Sur le seuil, le Ruffian était debout.

Mac-Grütch recula chancelant.

Le Ruffian ferma la porte.

Vaincu d'abord par le regard terrible de son adversaire, Mac-Grütch laissa tomber l'arme qu'il avait saisie.

Le Ruffian, de son bras valide, le terrassa comme il eût fait d'un enfant.

Au dehors, les flammes montaient, se jouant derrière les vitraux.

Elles éclairaient d'une lueur sinistre la scène qui devenait plus éclatante de minute en minute.

Lorsque l'incendie se taisait par intervalle, on entendait, dans la chambre, la voix mourante de la vieille Suky, qui répétait machinalement :

— Repens-toi, James !... repens-toi !... songe à Dieu !...

Le Ruffian avait le pied sur la poitrine de son ennemi.

— Randal ! je t'ai fait bien du mal !... Randal ! je suis bien coupable !... disait Mac-Grütch suppliant...

« Oh ! mon Laird, au nom de l'amitié de notre jeunesse ! pardonnez-moi !

Une fumée noire, épaisse, envahit la chambre.

La vieille, suffoquée, rendit l'âme en criant :

— Repens-toi !... songe à Dieu !

— J'étouffe... Randal... pitié ! râla Mac-Grütch que la fumée asphyxiait.

Le Ruffian qui semblait, lui, respirer à l'aise, sourit avec mépris.

— Je te rendrai ton fils, Randal ! car tu as un fils !.... en son nom.... grâce !.. grâce !....

Le Ruffian parla enfin ; un tremblement de colère agitait sa voix :

— Misérable ! oses-tu donc parler de mon fils... je t'avais pardonné tout le reste... mais tu as fait de mon fils un menteur comme toi ! et comme toi... un traître !...

Pour ponctuer sa dernière parole, son talon pressa convulsivement la poitrine de Mac-Grütch qui cria de douleur.

— Tu mens ! misérable ! je n'ai plus de fils ! continua le Ruffian avec force ; il n'y a plus de Laird du Keel....

« Périsse à la fois la noble demeure, son dernier maître, et la cause infâme de tous mes malheurs !

Le silence régna dans la chambre où se trouvaient deux agonisants et un cadavre.

Cependant, les Highlanders, conduits par les frères Krankie, s'agitaient au dehors ; ils demandaient leur chef.

Tout à coup, cinquante voix poussèrent un grand cri :

— L'eau !... l'eau !...

Ce fut un sauve-qui-peut général.

Sur l'ordre du Ruffian on avait démoli la

digue, et le marais de la Solvay se déversait avec fracas dans la cuvette naturelle au fond de laquelle était construit le château du Keel-Rock.

Des mamelons environnants, les Highlanders purent voir un instant leur colonel, debout, dans la chambre changée en fournaise.

Les yeux au ciel, pressant du pied son ignoble adversaire, il était calme et beau, en face de la mort.

Puis, les vieilles murailles sapées s'écroulèrent, et tout disparut dans les eaux bourbeuses du marais.

. . . .

Du château des Lairds, il ne resta rien. Le marais avait reconquis sa place.

Les deux frères Krankie revinrent auprès de leur père, continuer avec lui leur vie de généreux dévouement.

Reynold qui ne sut jamais le vrai nom de son père, conserva son nom de Mac-Fama et alla, avec Diana qu'il avait épousée, se fixer en Angleterre.

Randal, Laird du Keel Rock, fut donc le dernier de son nom.

Avec lui disparut sa race, son manoir, et tout ce qui pouvait prouver sur la terre qu'il eût existé.

LA

PROVIDENCE DU CAMP

LA
PROVIDENCE DU CAMP

CHAPITRE PREMIER

L'ORPHELINE

Il avait une terrible réputation de bon cœur, ce maréchal Garde-Crosse. Le 3º escadron de chasseurs d'Afrique s'honorait de le posséder au nombre de ses sous-officiers.

De son véritable nom, il se nommait Tédesco, mais, au premier engagement, on l'avait vu pleurer parce qu'un bédouin, proprement embroché par sa latte, l'avait regardé en rendant son âme à Allah.

Aussi, depuis ce temps ne s'était-il jamais servi de la bonne lame d'acier de son sabre. Dans toute charge, au plus fort de la mêlée, il dédaignait sa longue rapière, et s'il la prenait, ce n'était que pour fêler quelques crânes d'Arabes avec la poignée dont il se servait comme d'une massue.

De là lui venait ce sobriquet de *Garde-Crosse*.

Sa force, peu commune d'ailleurs, autorisait en partie cette fantaisie curieuse, mais il était avéré qu'en dehors du combat, la sensibilité de son cœur l'eût empêché de faire du tort à une mouche.

Né à Martillac, petite bourgade des environs de Bordeaux, il avait perdu tous ceux qu'il aimait au moment de tirer au sort. Ayant amené un bon numéro, il s'engagea pour remplacer le fils de son maître auquel il se croyait tenu de rendre ce service; nous verrons plus tard pour quelle raison.

Après avoir rejoint le 3⁰ chasseurs d'Afrique à Philippeville, province de Constantine, il ne tarda pas à se distinguer par plusieurs actions d'éclat que facilitaient sa vigueur et son audace, mais qui auraient pu passer inaperçues cependant, au milieu des efforts héroïques de ces soldats intrépides dont Bugeaud et Lamoricière ont cimenté la renommée.

Il eut d'abord les galons de brigadier, puis ceux de maréchal des logis chef. Là devaient probablement s'arrêter pour lui les honneurs, car son instruction, malheureusement négligée, ne pouvait pas lui permettre d'avoir un grade plus élevé.

— Je n'ai pas encore mon bâton de maréchal, se disait-il pourtant en riant ; les grades, mille bédouins ! c'est pas pour moi, à coup sûr. Cependant je ne m'en battrai pas moins bien et peut-être qu'un jour ou l'autre il me sera permis de décrocher l'étoile de l'honneur... la croix ! crachat de canon !

Ce dernier terme était son expression favorite.

Nul n'est parfait, il y avait encore une ambition tout au fond de ce brave cœur, et, tout en parlant de la croix, il se frappait le côté gauche de la poitrine avec volupté.

Garde-Grosse était le plus merveilleux type de soldat que l'on puisse rencontrer. Il aimait sa patrie avant tout, les combats étaient pour lui des fêtes et nul ne savait mieux se plier au devoir. Sa plus haute ambition, son plus beau rêve, sa plus magnifique espérance, était de se voir couché mourant au champ d'honneur, sur les cadavres des ennemis de sa patrie amoncelés par lui, et de pouvoir crier en même temps que s'exhalerait son dernier souffle : « Vive la France !... »

Et d'aller à Dieu, car se soldat pratiquait ses devoirs de chrétien.

Depuis quatre ans, il menait cette vie glorieuse des soldats exilés loin du pays, au milieu des vicissitudes sans nombre qui entouraient notre armée à cette époque (1845), lorsqu'un événement vint éveiller en lui des sentiments tout autres que ceux auxquels il croyait désormais consacrer sa vie.

Un beau jour, le courrier arrivant de Biskra vint réclamer, de la part de quelques colons qui avaient été attaqués, la protection des Français.

Un petit détachement duquel Garde-Crosse faisait partie fut envoyé à leur secours, sous les ordres d'un jeune capitaine nouvellement marié.

La nuit même de l'arrivée à Biskra, le détachement, campé sous des tentes, fut réveillé par des cris horribles et le bruit d'une fusillade bien nourrie. Les Bédouins-Saharis venaient d'attaquer une ferme située à un kilomètre de Zaatcha. Le capitaine immédiatement en selle et suivi de ses chasseurs se prit à galoper vers l'endroit d'où partaient les coups de feu.

La ferme attaquée appartenait à un colon

français. A la première alerte, il avait armé ses quatre domestiques et se défendaient vaillamment. Pourtant il devait plier sous le nombre; les Arabes n'attaquent presque jamais qu'à coup sûr. Bientôt, exaspérés par cette résistance opiniâtre à laquelle ils étaient loin de s'attendre, une centaine de démons en burnous blancs défoncèrent la barrière de bois qui leur faisait obstacle et envahirent la ferme de tous les côtés à la fois.

En deux temps, suivant leur barbare et sauvage coutume, ils eurent tranchés la tête de leurs ennemis vaincus.

A côté des cadavres décapités du colon et de ses quatre domestiques, ils commençaient déjà l'œuvre du pillage, lorsque la terre trembla sous le galop furieux d'une troupe de cavaliers.

Nos chasseurs d'Afrique firent une terrible entrée en scène, frappant à tort et à travers comme des forcenés. Le marchef Garde-Crosse surtout faisait merveille : semblable à un tigre, il bondissait, à droite, à gauche, et toujours fidèle à son serment de n'user en aucune façon d'une lame, on entendait l'horrible bruit de sa garde tombant à intervalles égaux sur le crâne des bédouins, avec la force d'un marteau d'enclume.

Soudain un cri perçant retentit, un Arabe écrasait sous son pied la poitrine d'une femme, s'apprêtant à la décapiter avec son cimeterre. Le sabre du marchef trop éloigné, décrit une trajectoire dans l'air et le Saharis s'affaisse, la figure abominablement mutilée par la poignée.

Le combat continue avec acharnement.

Enfin les bédouins épouvantés se débandent, laissant derrière eux des cadavres et leurs coreligionnaires se débattant dans les affres de l'agonie.

De nouveau, le même cri de femme, déchirant cette fois, se fait entendre au dehors. Garde-Crosse est déjà à cheval.

Il s'élance seul à la poursuite de cinq Arabes qui, malgré sa résistance, entraînaient la malheureuse femme dans les bras de laquelle pleurait une petite fille.

Le marchef se précipite sur eux, fracasse deux têtes, les autres prennent la fuite; mais avant de fuir, ils se sont vengés lâchement; un coup de yatagan lancé à toute volée a décapité la pauvre mère, dont le corps sans vie tombe sous le cheval du marchef.

Avec les lourds chevaux de cavalerie on ne pouvait pas songer à poursuivre les assassins admirablement montés. Néanmoins Garde-Crosse, pour la première fois de sa vie, tire les pistolets de ses fontes. Deux coups partent, deux chevaux tombent et le troisième, faisant un grand écart, culbute son cavalier.

— Ah ! misérables ! rugit Garde-Crosse, vous tuez les femmes ! Faites vos dévotions !

Il galope !

La poignée de son sabre, dont la lame est vierge et brillante, se lève une première fois :

— Un pour le père ! dit-il.

La cervelle du premier Arabe éclabousse sa dragonne.

— Un pour la mère !

— Un pour l'enfant !

Les victimes sont vengées.

Déjà presque repentant de cet acte de justice sommaire qui n'appartient qu'au Seigneur, Garde-Crosse s'en revient, toujours galopant, vers l'endroit d'où partent les plaintes de la petite fille. Elle n'est pas blessée. La prenant sur son cheval il retourne vers la ferme où ses camarades cherchaient s'il ne restait pas quelque survivant.

Mais non, le capitaine avait fait rassembler les

cadavres décapités, tous les hôtes de la ferme étaient là.

— Mon capitaine, dit Garde-Crosse en arrivant avec la petite fille dans ses bras, mon capitaine, me voilà bonne d'enfant, ou père plutôt. Puisque j'ai eu la malchance de ne pouvoir sauver la mère de cette innocente créature, c'est bien le moins que je me charge de la remplacer. N'est-ce pas mon chérubin ?

La petite fille, calmée par les caresses du marchef, ne pleurait plus. Aux dernières paroles du soldat elle sembla comprendre et elle lui tendit ses petites mains en souriant.

— Tenez, mon capitaine, s'écria Garde-Crosse bouleversé, elle me connaît déjà !

— Oui, se reprit-il, mon pauvre ange tu as bien raison de te confier à Garde-Crosse, il t'aimera, te soignera et te dorlotera, ni plus ni moins que si c'était maman.

Le capitaine se détourna pour cacher une larme. Puis gonflant sa voix, il commanda :

— En selle !

L'enfant pouvait bien avoir cinq ans.

Avant de s'en aller, le marchef ouvrit toutes les armoires et fit un paquet de la garde-robe de la fillette. Ensuite ayant enveloppé son précieux fardeau dans une couverture, il s'en revint tout fier au campement de Biskra.

CHAPITRE II

BONNE D'ENFANT

Le lendemain, sous la tente des sous-officiers, le marchef Garde-Crosse berçait sur ses genoux la petite fille qu'il avait solennellement adoptée à la face du détachement. Il réfléchissait durement le pauvre homme, et absolument comme eût pu le faire un vrai père pour son enfant; il interrogeait l'avenir.

— Crachat de canon! se disait-il en se donnant de formidables coups de poings sur la tête; si encore c'était un garçon! Ah! si c'était un garçon, la chose irait toute seule; le fils adoptif de Garde-Crosse, maréchal des logis chef aux chasseurs d'Afrique, serait tout d'abord et premièrement un fameux enfant de troupe; puis, un joli soldat; ensuite un rude brigadier, un lapin de marchef, un magnifique sous-lieutenant, et de grade en grade il arriverait bien général, mille Bédouins! quand le diable y serait, car il aurait trouvé l'instruction de l'avancement dans sa giberne...

Mais une fille!... (ici un maître coup de poing). Que pourrais-je faire d'une fille?... Crachat de canon!... Une vivandière — cantinière?... Ah! certes voilà une idée saugrenue s'il en fût, c'est diablement scabreux et puis la petite sera trop mignonne pour cela... Qu'en faire donc?... Ma foi, je n'en sais rien (deuxième coup de poing, déloyalement adressé à son propre visage)... Et puis, se reprit-il, au fait, on verra bien. Nous n'en sommes pas encore là, je trouverai toujours le moyen de la rendre heureuse. N'avons-nous pas eu l'occasion, mes camarades et moi, d'économiser un peu sur nos rations pour lui faire sa petite trempette? Le reste viendra de même. Ah! comme je comprends le souci des pères. C'est dur d'avoir un enfant.

Il épongea vigoureusement son front qui était tout en sueur et continua :

— Mimosa!... ils l'ont baptisée Mimosa, parce qu'elle sourit en respirant cette fleur, et de fait il devait y en avoir pas mal à la ferme de son père, car ça sentait bigrement bon la nuit du coup de tabac... Mimosa! voilà un nom qui n'appartient pas à tout le monde.

— C'est égal, ma petite poulette, reprit-il après un court silence; c'est égal mon pauvre chou, qui me sourit mignonnement comme pour me remercier de lui avoir fait manger une panade au pain de munition où il ne manquait que le beurre; sois sans inquiétude, Garde-Crosse jure sur la croix de ne jamais t'abandonner, et si nous n'avons plus maman, nous aurons du moins un papa d'occasion qui ne nous laissera manquer de rien... Allons, ma gentille, faites risette à papa-munition comme vous feriez à papa-gâteau. Et maintenant, voici votre lit, cette paille toute fraîche que l'on a eu soin de retourner pour vous... Dormez !... Enfin ! la voilà qui dort pour tout de bon... Eh! là-bas l'Embouchoir !

— Voilà, on y va, marchef, répondit une voix au dehors.

— Avance un peu, Clampin !

— Si ça peut vous procurer de l'agrément de me nommer Clampin, dit un chasseur en entrant, je n'y vois pas d'inconvénient; mais faudrait voir à m'avertir d'avance, marchef, si c'était un effet de votre bonté, car je pourrais bien m'y perdre avec tous mes noms : l'Embouchoir, Clampin... je n'y suis plus...

— Quel clapet! fit avec admiration Garde-Crosse; tu as un rouleau qui est soigné, mon neveu ; mais ce n'est pas tout ça, on a bien voulu te donner le glorieux nom de l'Embouchoir, comme à moi celui de Garde-Crosse, parce que, si ces gueux d'Arbi t'ont éclopé du bras gauche, ils peuvent se repentir parfois de t'avoir laissé ton droit qui tient crânement la trompette pour sonner une charge. Mais il s'agit bien de cela !... Ah! je vais aller faire ma ronde autour du campement, étant de garde; alors, pendant ce temps tu vas veiller sur l'enfant. Il n'y a rien à faire, elle dort. Si elle s'éveillait par hasard, il faudrait la bercer doucement, doucement, et lui chanter une chanson de ton pays, ça la rendormirait tout de suite...

Sais-tu chanter?

— Oh! oui, marchef, la *Ronde des oies;* voulez-vous l'entendre?

— Non... mais c'est parfait...

Il se gratta la tête et ajouta mentalement :

— Ce doit être infaillible pour endormir les enfants, cette ronde.

— Crachat de canon! continua-t-il tout haut,

j'allais oublier le principal ; si elle demande à boire, il y a de l'eau dans le bidon et ma ration de sucre à café est sur la planche... Mille bédouins ! l'Embouchoir, ouvre l'œil, mon garçon, et le bon ; tu me réponds d'elle... As-tu déjà gardé des enfants ?

— Peuh ! fit tranquillement le trompette, c'est l'enfance de l'art. Au pays, j'ai gardé les canards, les dindes et les oies, c'est comme qui dirait, approchant, la même chose.

Ce l'Embouchoir n'était pas un mauvais diable, mais il avait le sarcasme mal placé. Dans les faubourgs de Paris, on aurait dit de lui : « C'est un malembouché. »

Le rouge de la colère monta au front de Garde-Crosse, cependant il eut honte de se blesser pour si peu et sortit faire sa ronde.

CHAPITRE III

AU RAPPORT

M. le capitaine baron d'Ornan, commandant la petite compagnie de chasseurs détachée à Biskra, était un jeune officier de mérite chez lequel la bravoure s'alliait à une juste bonté. Il s'était marié tout récemment à la fille d'un puissant commerçant de Constantine et avait eu le bonheur de trouver en cette femme, très distinguée par l'esprit, une compagne en tous points digne de lui. Comme de juste ils n'avaient point d'enfant, et, cependant, tous deux les aimaient à la folie, aussi, voyaient-ils avec désolation les jours et les mois se passer sans qu'aucune espérance ne se montrât de posséder le bébé rose.

Cette propension à adorer les enfants avait immédiatement porté le capitaine baron d'Ornan à affectionner la petite Mimosa.

Pour terminer ce semblant de portrait, nous

devons ajouter que le capitaine était très sérieusement aimé par ses soldats.

Au retour de sa ronde, le marchef vint trouver l'officier pour lui faire son rapport ;

— Rien de nouveau, mon capitaine, dit-il en levant la main dans la pose du salut militaire, MM. les Bédouins sont décidément assez mal appris, pour négliger de rendre une visite reçue.

M. d'Ornan voulut bien rire à cette pauvre saillie et répondit :

— Notre visite n'avait pour eux rien de très agréable. Cependant, il ne faut pas nous départir d'une grande prudence, les Saharis sont vindicatifs par excellence, leur rancune de l'échec les portera forcément à revenir en nombre un de ces jours...

— Dans ce cas, mon capitaine, interrompit le marchef, nous avons à venger Mimosa, qu'ils ont rendue orpheline, et, en frottant notre rancune contre la leur, on doublera la dose.

— Là! là, mon brave, s'écria le capitaine, vous les avez, je crois, suffisamment détériorés la dernière fois... Mais, à propos, comment va-t-elle notre enfant?

— Parfaitement, mon capitaine, elle a soupé comme un cœur; je viens de la laisser sous la haute surveillance du clairvoyant l'Embouchoir qui est une excellente bonne d'enfant, car il a déjà gardé les dindons, m'a-t-il dit.

Pour le coup, M. le baron d'Ornan eut un franc éclat de rire. La parfaite bonhomie, avec laquelle le marchef venait de lui faire cette curieuse révélation, lui donna un accès de gaieté folle.

Garde-Crosse le regardait, décontenancé.

— Pauvre petite, put enfin dire le capitaine, quelle destinée !

— Elle eût peut-être préféré rester avec les Arbi ! répondit le marchef avec un restant de rancune pour ce rire dont il ne comprenait point la cause.

— Non, certes.

— Alors, mon capitaine, elle est avec de bons amis qui ne l'abandonneront pas, vous tout le premier, en conséquence elle eût pu faire un plus mauvais choix.

— Sans doute, cependant ses protecteurs, avec le métier qu'ils mènent, peuvent être tués un jour venant. Aussi je crois qu'il sera de mon devoir dès que nous aurons rallié Constantine, de faire prendre des informations.

— Des informations ! se récria le marchef, ah ! capitaine, et pourquoi donc ?

— Pour la rendre à sa famille, s'il lui en reste une.

Voilà une chose, par exemple, qui ne serait jamais venue à la pensée du simple et loyal Garde-Crosse. Il recula, frappé par cette réponse, et murmura prêt à pleurer :

— Sa famille ? Y pensez-vous, mon capitaine ? Mais c'est moi sa famille, c'est l'escadron. Est-ce que je ne suis pas son père, moi qui ai vengé son papa et sa maman en écrasant cinq moricauds ? C'est tout naturel, je les remplace.

— Cependant, si elle a des parents.

Le malheureux marchef était si ému, qu'il se défendait avec agitation comme s'il se fût trouvé accusé devant un tribunal.

— Des parents ! s'écria-t-il avec chaleur, fallait qu'ils viennent la chercher au milieu du feu, entre les mains des moricauds... Si elle a des parents, tant pis pour eux ! C'est ma part de butin à moi et j'y tiens, je l'ai sauvée, je la garde. Je ne connais que ça !...

Ces derniers mots avaient été prononcés sur un ton très élevé. Il s'échauffait, il s'enflammait, et, à l'écouter, M. le baron d'Ornan se tenait les côtes.

Il finit par lui prendre la main et la serra en murmurant :

— Espérons qu'elle n'en a pas.

— Oui, c'est ça, grommela le marchef suffoqué. Espérons, crachat de canon !

Ce dernier mot indiquait une noire hostilité contre les parents inconnus de Mimosa.

CHAPITRE IV

L'OIE DU CAPITOLE

La nuit était venue, opaque et sombre, une nuit sans lune.

De gros nuages noirs couraient au ciel, laissant passer, çà et là, le scintillement des étoiles. Mais rien ne pouvait percer l'obscurité.

Un brouillard épais couvrait la plaine, enveloppant le campement dans son manteau humide, et si parfois le vent qui soufflait par rafale, faisant seul entendre son mugissement sinistre, soulevait le linceul de brume, il apportait, avec lui, pour le remplacer, des tourbillons de sable.

Tout dormait, dans le camp.

A un moment, Garde-Crosse fut réveillé par les plaintes de la petite Mimosa, qui pleurait sourdement.

Il se leva et, ayant pris l'enfant dans ses bras, se mit à la bercer.

Tous les sous-officiers avaient été éveillés en même temps.

L'un d'eux demanda :

— Eh ! Garde-Crosse la petite était bien tranquille, hier, qu'a-t-elle donc, cette nuit, à chanter si haut ?

— C'est qu'elle a flairé les Bédouins, répondit le marchef un peu en l'air.

Au mot de Bédouins, Mimosa se débattit en poussant des cris perçants.

— Hein ! s'écria le marchef surpris, aurais-je touché l'endroit sensible ? Debout ! les enfants, debout ! Il doit y avoir quelque chose.

Remettant précipitamment l'enfant sur son sac, qui lui servait de couchette, le marchef s'élança à la portière de la tente qu'il souleva, et jeta un coup d'œil scrutateur vers le poste où devait veiller le factionnaire.

Le factionnaire n'y était plus.

— Alerte ! reprit le marchef d'une voix tonnante. Alerte ! voici les Bédouins !

Sans le savoir, le brave soldat imitait ainsi le cri du jeune chevalier d'Assas, surpris par les Allemands, cri qui restera éternellement écrit en lettres d'or sur les pages de la France héroïque :

10.

« A moi Auvergne ! ce sont les ennemis ! »
Son colonel lui avait dit :

« Ce serait une trahison que de se laisser surprendre sans crier. »

Et, tandis que le froid de dix baïonnettes s'enfonçait dans son corps, il avait crié, le héros !

Profitant de l'obscurité profonde, les Arabes s'étaient rassemblés, cernant le camp. L'un d'eux s'étant glissé à plat ventre le long d'une haie de figuiers de Barbarie, et profitant d'un instant où la sentinelle lui tournait le dos, lui avait jeté un lasso.

Le malheureux chasseur s'était réveillé dans l'autre monde avant d'avoir pu donner l'alarme.

Une minute après le cri du marchef, le campement entier était à cheval.

— Ah ! brigands ! assassins des parents de ma fille ! grommelait Garde-Crosse, vous voilà. Alors, c'est le cas de dire, nous allons causer.

Puis, s'adressant au trompette amputé du bras gauche.

— Mille bédouins ! l'Embouchoir, sonne, sonne donc, endormi. Allons, fais entendre ta jolie voix de cuivre à ces rascailles !

Au commandement du capitaine, au premier appel du trompette, tous les chasseurs déchargèrent leur carabine et l'ayant replacée en bandoulière, mirent le sabre au clair, prêts à charger.

Profitant de cette seconde de répit, Garde-Crosse attacha bien commodément la petite Mimosa, à l'arrière de sa selle, sur son sac.

— Fais dodo, chérie, lui dit-il.

Et, s'adressant aux autres :

— Elle n'a rien à craindre là, les Bédouins sont encore à voir ce côté de ma personne.

Les Arabes tenaient conseil. La nuit était devenue un peu plus translucide et l'on distinguait à peu près leur position à cause des burnous blancs.

— Chargez ! commanda le capitaine.

Les chasseurs sortirent du camp comme un tourbillon.

Les Arabes se voyant attaqués, eux qui croyaient surprendre, firent néanmoins bonne contenance et chargèrent aussi en poussant leurs cris sauvages que multipliait le grand silence de la nuit.

A l'instar des Indiens de l'Amérique du Nord, les Arabes ont, en effet, la manie enfantine de vouloir effrayer l'ennemi par leurs clameurs.

Mais les chasseurs d'Afrique sont familiarisés

avec ces cris gutturaux, ces clameurs étranges et, loin de les intimider, cela les excite en leur portant sur les nerfs.

Quelqu'un d'entre vous n'a-t-il jamais eu l'oreille blessée par la plainte stridente d'un chien auquel une voiture vient d'écraser la patte. Moi cela me donne des envies folles de battre le cocher ou le chien.

Les hurlements des Arabes sont d'un effet semblable. Aussi nos chasseurs y répondaient-ils en sabrant avec acharnement.

Comme toujours, Garde-Crosse se distinguait par ses prouesses, au milieu de ses vaillants compagnons

La poignée de son sabre qu'il tenait à pleine main par la lame, tournoyait autour de lui avec une effrayante rapidité.

Mais il était gascon et ne pouvait décemment garder le silence; c'est pourquoi tout en travaillant de la sorte, et en abattant une besogne d'enragé, il souriait à part lui, comme un bon garçon qu'il était :

— Voilà pour le père, disait-il, voilà pour la petite !... Oh ! dame, en bonne conscience, pour la petite il en faut plusieurs.

Il frappait, il frappait, aplatissant des crânes,

renfonçant des visages, démolissant des épaules, brisant des poitrines. Ah! qu'il y allait de grand cœur! Et franchement, dans la joie délirante qu'il éprouvait au milieu de cette cohue, de ces cris, de ces coups de feu, vous l'auriez fort surpris en lui annonçant qu'il avait dû se moquer de la petite lorsqu'il avait dit :

— Fais dodo, chérie.

— Pourtant, reprit-il monologuant toujours, il ne faut pas tous les immoler pour la petite, ce serait trop lourd. Alors, voilà pour le grand-père! la grand'mère...

Tous les aïeux de Mimosa y passèrent, jusqu'aux ancêtres reculés dont le souvenir se perdait dans la nuit des temps.

Le petit jour commençait à poindre, faisant voir maintenant le grand nombre des Bédouins qui entouraient comme une nuée le détachement des chasseurs, dont quelques-uns manquaient.

Le combat durait depuis deux heures.

En voyant le petit nombre de leurs ennemis, les Arabes n'en deviennent que plus acharnés.

La lutte se fait tuerie.

Les chasseurs, fatigués et blessés pour la plupart, ont à soutenir à tout instant le choc de nouveaux assaillants. Les chevaux hennissent, se cabrent, refusant d'obéir au mors. La multitude va enfin l'emporter, car les Arabes sont cent contre un et les chasseurs tombent de fatigue.

Lorsque tout à coup un feu de peloton bien nourri prend les Arabes à revers et le clairon des zouaves sonnant : « *A la fourchette* » répond à la trompette du chasseur d'Afrique, l'Embouchoir, qui râle de lassitude en soufflant la charge.

A ce secours inespéré, les chasseurs se sentent bouillir d'ardeur, ce ne sont plus des hommes, ce sont des démons. Ils refoulent au grand galop l'ennemi sur les baïonnettes de leurs frères d'armes.

C'est une déroute complète, une boucherie.

Un quart d'heure après, le lieu du carnage était balayé, il ne restait sur le terrain que trois cent cinquante corps pour attester la défaite des Bédouins.

Le général ayant appris que le poste de Biskra n'était pas bon et que, d'ailleurs, la cause pour laquelle les chasseurs y étaient n'existait plus, puisque le colon venait de mourir, avait envoyé un détachement de zouaves, avec ordre de rallier Constantine en compagnie des chasseurs.

En colonne pour Constantine on causait, et comme de juste, l'Embouchoir, très fort en histoire universelle, tenait le dé de la conversation.

— Eh! bien, marchef, disait-il, avais-je raison, hier au soir, de comparer votre poulette aux oies que je gardais jadis dans mon pays?

— Tiens ta distance, Clampin, commença Garde-Crosse.

Mais l'autre poursuivit :

— Il n'y a pas d'affront, marchef, l'histoire est là pour dire que les oies du Capitole braillèrent autrefois, tout comme la petite hier. Tout comme la petite aussi, elles sentaient l'ennemi, les bonnes bêtes. L'histoire nous dit que, sans l'instinct de ces volatiles, le Capitole eût été pris. A cause d'elles le Capitole ne fut pas pris... Eh! vous autres, la petite a-t-elle donné l'alarme?

— Ah! pour ça, oui! fit-on en chœur.

— Donc, conclut le terrible trompette, il y a quelque chose dans la nature de votre fille qui la fait ressembler aux oies du Capitole.

Le pauvre Garde-Crosse n'osa rien objecter.

Les raisons que fournissait l'Embouchoir lui paraissaient péremptoires et pourtant il avait peur qu'on se moquât de sa fille.

CHAPITRE V

LES SOUCIS D'UN PÈRE

De Biskra à Constantine il n'y avait, à proprement parler, aucune route tracée à l'époque. On arrive d'abord à la gorge de l'Ennaïma où a été construit depuis, en 1849, le fort Turco, devant l'Oued-Fédala qui se jette dans l'Oued-Djeddi, ce grand fleuve dont les eaux sont sans cesse dévorées par la soif insatiable des sables africains. On traverse ensuite quelques villages : El-Kantarah, Lambessa, Batna, Rhaba, Médracen et Aïnel-Beï.

Par cette route, il y a 240 kilomètres de Biskra à Constantine.

Nos chasseurs, ayant en croupe leurs amis les zouaves, firent la route très gaiement. A Constantine, Garde-Crosse se permit de dire au capitaine baron d'Ornan :

— Vous vouliez me faire abandonner Mimosa,

mon capitaine, voyez, lequel avait tort de nous deux ? Elle sent l'ennemi, cette petite fille ; sans elle, nous serions peut-être tous morts à l'heure qu'il est ; sans son instinct, Mme la baronne aurait sans doute à vous pleurer... Mais une fois l'action commencée, dans tout ce tapage des quatre cents diables, elle s'est tenue sage comme une image. Ah ! mille Bédouins ! je ne puis m'en séparer, non !... Et, ajouta-t-il avec orgueil, c'est la Providence du camp, tout comme les oies du capitole, l'Embouchoir l'a dit !

— Nous l'avons échappé belle, c'est un fait, répondit M. d'Ornan en souriant de cette comparaison toute en faveur de l'érudition du trompette, mais non pas de sa galanterie. Quant à l'enfant, il ne faudrait pas qu'elle puisse vous reprocher un jour de l'avoir soustraite à sa famille. Elle est à vous, j'en conviens, mais dans une certaine mesure seulement. Il faut m'aider à faire des recherches, ou tout au moins votre loyauté vous empêchera de les entraver.

Garde-Crosse baissa la tête sans répondre ; il sentait bien que son capitaine avait raison, mais son cœur se révoltait à la seule pensée de se séparer de Mimosa.

Cependant, comme il ne savait pas transiger

avec le devoir, il aida le capitaine à faire toutes les démarches nécessaires pour retrouver les parents de la petite orpheline, si ces parents existaient.

Chaque jour qui s'écoulait sans amener de résultat comblait de joie le cœur du pauvre maréchef. Enfin, ce fut une véritable heure d'allégresse que celle où il put dire à M. d'Ornan :

— Mon capitaine, le père de la petite était un ancien zouave, marié ici. Avec lui et sa femme, est morte toute la famille de l'enfant. Je puis vous affirmer que, tout en pleurant de la perdre, j'ai fait toutes les recherches possibles... Maintenant, ajouta-t-il en redressant la tête, je crois avoir décidément le droit de l'appeler ma fille. Dieu veut que je la garde, elle est bien à moi, et, comme nous n'avons aucune notion sur sa naissance et sur la religion de ses parents défunts, je vous prie, mon capitaine, voulez-vous être son parrain ?

Ce fut une bien belle cérémonie ; l'église cathédrale de Constantine, récemment bâtie, pouvait se flatter de n'avoir jamais eu une assistance si nombreuse de soldats, même pour le *Te Deum*. Tout entier, le colonel en tête, le régiment des chasseurs d'Afrique était présent et ces vaillants petits zouaves avaient encore trouvé moyen de se glisser furtivement dans les bas côtés.

Le capitaine baron d'Ornan tint, avec sa femme, la jeune Mimosa sur les fonds baptismaux. Entre les bras de sa nourrice à barbe, le brave Garde-Crosse qui pleurait, elle fut nommée *Afrique*.

— Afrique Mimosa, aurait pu dire le terrible marchef, ah ! certes, voilà un nom qui n'est pas commun.

Aux portes de l'église, le colonel remit entre les mains du baron d'Ornan un brevet de lieutenant-colonel.

Garde-Crosse reçut l'épaulette de sous-lieutenant.

— Ma providence ! ma providence, répétait-il en étouffant Mimosa de baisers.

Sur le rapport du général commandant, le ministre de la guerre avait cru devoir récompenser ainsi les chefs de l'expédition de Biskra.

— Eh bien, mon ami, dit le lieutenant-colonel à Garde-Crossse, auquel sa récente nomination faisait perdre la tête ; eh bien, mon ami, comment comptez-vous élever votre fille ? car lors même que vous en receviez l'autorisation, vous n'avez pas l'intention, je suppose, de la garder auprès de vous. Vos anciens camarades les sous-officiers doivent savoir quel est l'agrément de dormir auprès d'un enfant. Enfin, que deviendrait-elle la pauvre petite, si nous étions forcés de partir en expédition? ce qui, dans notre état ne peut être attribué au hasard.

— Depuis notre retour à Constantine, répondit Garde-Crosse, je me suis occupé de cela, j'ai déjà été voir la mère Tapedure, l'ancienne cantinière du 1er zouave : elle est veuve comme vous le savez, et sa fille est élevée dans la perfection.

— Au fait, vous avez le droit d'en agir à votre fantaisie, lieutenant, je n'ai aucun pouvoir pour m'interposer dans vos affaires...Ah ! j'allais oublier, vous devriez aller voir ma femme, elle serait heureuse de vous causer.

Comme nous l'avons déjà dit, Mme la baronne d'Ornan était une femme très élevée par le cœur, et d'un esprit profondément travaillé.

Elle pouvait avoir vingt-quatre ans et passait à bon droit pour être une des plus jolies femmes de Constantine.

Nous savons qu'elle adorait les enfants et avait le malheur de ne ressentir aucune atteinte de la maternité. Elle avait vu le petit chérubin ramené de l'expédition par les chasseurs de son mari. C'est donc avec un empressement bien compréhensible qu'elle accepta le rôle de marraine; après cela, sa filleule lui sembla si jolie, qu'elle voulut absolument s'en charger.

M. le baron d'Ornan connaissant le caractère ombrageux de son vaillant subordonné, s'était refusé à lui en faire la proposition et la jeune baronne prenant son courage à deux mains avait dit :

— Alors, envoie-moi ce terrible homme, puisque tu capitules d'avance, je vais me battre pour deux.

Et, de fait, Mme d'Ornan entama les hostilités avec une grande finesse : elle connaissait d'avance toutes les positions de l'ennemi, aussi usa-t-elle de ménagement et mit-elle en œuvre toute la haute science de douce persuasion dont la nature l'avait douée pour amener le nouveau père adoptif à exaucer ses vœux.

Peine perdue, hélas ! Garde-Crosse, le rude soldat, n'était pas de ceux que l'on peut éblouir.

Si l'éducation lui manquait, il avait du moins sa logique et le bon sens qui ne se vend pas à l'école.

— Mme la baronne, répondit-il avec une respectueuse condescendance, aussitôt qu'il eut bien délayé dans sa grosse cervelle ce dont il s'agissait; avant de vous répondre définitivement, permettez-moi de vous parler un peu de Ninie-l'Absinthe,

— Ninie-l'Absinthe, s'écria la baronne d'Ornan ! ah ! monsieur Garde-Crosse, quel est ce nom bizarre ?

— Un sobriquet comme le mien, madame, et je vais vous raconter l'histoire de la personne qui, pour son malheur, le conquit.

CHAPITRE VI

GARDE-CROSSE COMMENCE L'HISTOIRE DE NINIE-L'ABSINTHE

« A Martillac, village où je suis né, commença Garde-Crosse, il y a un vaste couvent de religieuses ; les jardins de ce couvent sont immenses parce que la maison sert de paradis terrestre, ou de lieu de convalescence pour les Sœurs maladives, appartenant à la congrégation des Dames de l'Espérance.

« Pour ce grand parc, il n'y avait qu'un seul jardinier, nommé Daniel. Lui et sa femme Thérèse suffisaient difficilement à entretenir la netteté du jardin, mais comme la place était bonne, ils travaillaient sans relâche et y suffisaient.

« Ils étaient heureux tous deux, les braves gens; chaque année ils mettaient de côté quelques économies.

« Ils avaient une petite fille, une mignonne poupée rose et blanche, Eugénie, que l'on nommait Ninie par abréviatif, et qui s'épanouissait fraîche et forte, au grand air, à l'ombre des charmilles.

« Les braves gens auraient dû la laisser grandir ainsi, en lui enseignant l'amour du travail et le respect du prochain ; enfin, tout ce qu'ils savaient, eux que leur médiocrité n'empêchait pas d'être heureux ; c'était alors le sort qu'ambitionnait certainement la jeune Ninie, et qu'eût-elle osé espérer mieux ?

« Plus tard, bien plus tard, elle épouserait un vaillant travailleur, et continuerait, avec son aide, d'entretenir le jardin des bonnes Dames de l'Espérance. En même temps de nouveaux enfants, fruit du jeune ménage, égayeraient la maison, où les grands parents auraient une vieillesse reposée.

« Mais non ! l'orgueil maladroit avait trouvé prise sur le cœur des deux vieilles gens. Ce n'était point ainsi que Thérèse et Daniel entendaient l'avenir de leur unique enfant.

« L'ambition les mordait.

« De cette petite fille, qu'ils aimaient à la folie, ils voulurent faire ce que l'on nomme souvent par dérision : *une demoiselle comme il faut !*

« On tira de sa cachette le vieux bas où s'entassaient les gros écus, économies arrachées à grand'peine au travail acharné, et la petite fut envoyée à Bordeaux, puis placée dans un pensionnat à la mode.

« Dans cette maison, Eugénie vécut côte à côte avec les filles de la riche bourgeoisie et de la noblesse. Dépouilllant son enveloppe rustique, elle y prit de belles manières, développa son intelligence, se forma aux arts d'agrément, et devint par le fait une charmante personne.

« Malheureusement, lorsque, d'enfant devenue jeune fille, Eugénie, transformée, revint chez ses pauvres parents, elle eut de la peine à s'y reconnaître.

« Hélas ! pauvre Eugénie ! que venait-elle faire dans cette maison de travailleurs n'ayant aucune conscience des belles-lettres ? Que venait-elle faire chez ces rudes paysans, elle, la frêle demoiselle instruite, habituée à l'élégance et élevée sans état ?

« Elle se trouva chez elle comme une étrangère et ses parents eux-même sentirent si bien que l'équilibre entre eux et leur fille était rompu, qu'ils furent les premiers, malgré leur tendresse, à la considérer comme telle.

« Les deux bonnes gens connurent alors ce qu'étaient les larmes amères, quand, retirés dans leur chambre, loin de leur fille, ils se reprochaient mutuellement la perte, pour eux, de cette enfant.

« Le père Daniel ne se trouvait plus à son aise devant elle. Il lui parlait avec cérémonie, la traitait en grande dame et faisait des efforts comiques pour ne point lui paraître trop rustique.

« Quant à Thérèse, au lieu de la caresser comme lorsqu'elle était enfant, elle n'osait plus l'approcher qu'avec une mine respectueuse. Si elle l'entretenait, c'était en prenant des poses d'admiratives extases, ainsi qu'on adore une châsse de sainteté et, prenant un soin pieux d'éloigner d'elle tout ce qui pouvait blesser sa délicatesse, elle ne souffrait même pas sa présence à la cuisine. Avec une jalouse tendresse, elle la servait à table.

« Mais là encore, là où la parole devient expansive, là où chacun se plaît à placer son mot, là où la conversation est habituellement de rigueur, les pauvres gens n'osaient s'entretenir de leur affaires, par crainte de blesser de leurs vulgaires propos, les oreilles de leur fille et la haute intelligence de *Mademoiselle*.

« Le père Daniel arrosait, bêchait, transplantait. La mère Thérèse sarclait ses plates-bandes quand elle ne récurait pas ses poêlons. Mais elle? elle, Eugénie, la demoiselle, que pouvait-elle faire dans ce milieu qui n'était plus le sien ?

« Elle se tenait au salon (car depuis sa venue, on avait décoré une pièce de la pauvre maison par ce titre pompeux), brodait ou dessinait, quand elle ne chantait pas en s'accompagnant sur le piano (autre prodigalité luxueuse qu'avaient réclamée ses talents). Pouvait-elle faire autre chose ? Vraisemblablement, elle n'eût su comment s'y prendre pour faire rôtir un lapin ou arracher une mauvaise herbe.

« Le temps était arrivé de songer à son avenir. Et certes, les deux vieux y pensaient. C'était en vue de son établissement que, à l'âge du repos, ils continuaient à travailler comme des nègres, faisant double besogne, acharnés à la peine et poursuivant avec ténacité leur œuvre de sacrifice.

« Cependant, aucun des héros de roman, dont Eugénie berçait son imagination, ne devait venir réclamer sa main, ni le boyard russe, ni le nabab de l'Inde, ni le Yankee millionnaire, ni le milord attaqué du *pleen*.

« Aujourd'hui, le boyard russe n'a plus d'argent, toutes ses forêts ayant été mises en coupes réglées par les prêteurs juifs; le nabab de l'Inde est devenu mendiant; le Yankee millionnaire ne songe qu'à son trafic; et milord spleen meurt de son mal.

« Franchement, elle ne pouvait pourtant plus s'accommoder d'un humble travailleur. L'ouvrier eût réfléchi à deux fois avant de songer à l'épouser et elle eût hésitée plus que lui à coup sûr.

« La main robuste d'un pareil homme et sa main délicate n'étaient point faites pour s'unir. D'un côté on aurait éprouvé de la honte, de l'autre de la pitié.

« Fatalement ce qui devait arriver, arriva.

« Un jour, un régiment de dragons passa par Martillac et le capitaine, beau jeune homme et splendide officier, fut envoyé pour se loger chez le père Daniel.

« Le brillant capitaine avait la réputation non surfaite d'être plus particulièrement le bourreau des cœurs que celui des crânes. Pour cette fois, du moins, il prit à cœur de ne point démentir sa renommée et, lorsque le régiment continua sa route, Eugénie toute en pleurs le suivit.

« Elle avait eu parfois le désir d'entrer dans le monde et le monde, en riant, venait de lui ouvrir sa porte basse, abreuvant de honte et de désespoir ceux qui s'étaient dévoués afin d'acquérir pour elle un bonheur au-dessus de sa condition. »

— Voilà le commencement de l'histoire promise, madame la baronne, s'interrompit ici Garde-Crosse.

— Mais d'où lui vint ce nom de Ninie-l'Absinthe ? interrogea Mme d'Ornan, chez laquelle la curiosité dominait.

— La suite de ce récit véridique pourrait vous l'apprendre, répondit le sous-lieutenant, mais il se fait tard et nous la remettrons, si vous le voulez bien, à un autre jour. La malheureuse s'était laissé tromper, premier crime; elle voulut oublier et se mit à boire. La honte est une pente raide que *ces pauvres créatures bien rarement* savent remonter.

CHAPITRE VII

CONCLUSIONS DE GARDE-CROSSE

— Ce malheur, madame, reprit Garde-Crosse, ce malheur dont je puis affirmer avoir été le témoin, est la destinée malheureuse où se lancent beaucoup d'autres jeunes filles que la tendresse inconsidérée ou l'orgueil des parents jettent sur une fausse voix.

La sagesse est donc de rester chacun dans sa sphère.

Certes, il y a pour preuve du contraire, de nombreuses exceptions, mais le génie n'étant point un fruit commun que je sache, pour plus de sécurité, le vrai moyen d'aspirer au bonheur est d'avoir en respect le milieu où Dieu vous fit naître.

Afrique Mimosa est pauvre, elle est donc destinée à gagner sa vie du travail de ses mains.

Si je vous la cédais, madame, elle serait

élevée dans le luxe et prendrait les habitudes d'un monde qui n'est pas fait pour elle.

Quand viendrait l'heure de l'action, la pauvre petite se trouverait dans le cas de Ninie-l'Absinthe, elle ne pourrait plus s'y prêter, ayant d'autres goûts et d'autres visées.

Croyez-moi, madame, évitons-lui ce péril en lui épargnant le combat. Elle doit être travailleuse, eh bien ! éduquons-la comme telle, parmi les artisans dont le travail courageux est un digne exemple.

Assurément Garde-Crosse n'avait jamais parlé ni si longuement ni si bien. Il s'étonnait lui-même. La paternité le rendait fort et perspicace.

La baronne d'Ornan avait aussi de l'amour-propre, d'ailleurs elle voulait une fille et ne se tenait pas pour battue.

— Mais, mon ami, dit-elle, l'instruction mène à tout. En définitive, Mimosa pourrait bien faire autre chose qu'une ouvrière.

— Ah ! par exemple, madame, voudriez-vous en faire une employée des postes, une demoiselle de magasin ou une institutrice ! Mais, dans tous les cas, elle n'en serait pas moins réduite à gagner son pain, et avec les goûts et les habitudes dont je viens de vous parler, ce pain n'en serait que plus amer.

Je désire que ma fille soit heureuse.

Or, elle ne pourra goûter au bonheur qu'autant qu'elle sera contente de son sort.

Je désire également que Mimosa soit un modèle de sagesse, parce que là où la vertu fait défaut, le bonheur est un mythe. D'ailleurs, plus sa position serait élevée en apparence, plus elle se trouverait en vue et cela augmenterait encore l'imminence du danger

— Oh ! oh ! monsieur Garde-Crosse, fit doucement la baronne, on croirait, à voir la chaleur avec laquelle vous vous démenez, que l'enfant aurait en moi une mortelle ennemie.

Le sous-lieutenant baissa la tête tandis que Mme d'Ornan ajoutait :

— En somme, mon ami, c'est uniquement dans son intérêt, ce que j'en dis. Elle pourrait avoir été douée, par la nature de talents particuliers qui, bien cultivés, lui permettraient d'atteindre à une position brillante...

— Madame, madame, arrêtez-vous, s'écria Garde-Crosse, oui je comprends bien ce que vous voulez me dire. Par exemple, ma Mimosa pour rait devenir artiste !... artiste !... ce qui signifie peinture, musique, théâtre !...

J'avais répondu d'avance à cette objection, en parlant des génies dont la graine est peu commune...

En effet la musique et la peinture ne conduisent pas, que je sache, si facilement à la fortune.

Reste donc le théâtre !...

Vous ne supposez pas que ma fille pourrait devenir comédienne, chanteuse, danseuse peut-être? Ah ! Mimosa ballerine, ce serait le comble ! Non, madame, mon parti est décidément arrêté. Je n'exposerai pas à de pareilles perspectives l'enfant que j'ai arrachée à la mort.

Je l'ai déjà dit à mon lieutenant-colonel, mon intention est de confier Mimosa aux soins de la mère Tapedure, l'ancienne vivandière du 1ᵉʳ zouave; cette brave femme présente toutes les garanties désirables, et plus tard, j'ai l'espoir de voir Mimosa me remercier d'en avoir agi ainsi pour elle.

Mᵐᵉ d'Ornan voulut frapper un dernier coup.

— Pourtant, mon ami, dit-elle, nous n'avons pas d'enfant, vous le savez. Aussi, dans le cas où Dieu ne nous en accorderait point, Afrique

Mimosa pourrait trouver chez nous un riche avenir...

— Pouvez-vous bien, madame, escompter ainsi l'avenir, interrompit le sous-lieutenant. Vous n'avez pas d'enfant, c'est vrai, mais vous pouvez en avoir, et que ferait alors chez vous l'étrangère ?

Quel rang tiendrait-elle ?

Vous n'avez pu faire tomber aucune de mes objections.

Je vous suis très reconnaissant, madame, de l'intérêt que vous voulez bien porter à ma fille, mais ma décision est la même. Je veux son bonheur, comme moi elle n'aura jamais à transiger avec l'honneur !

CHAPITRE VIII

CHEZ LA MÈRE TAPEDURE

La mère Tapedure, dont il a été question déjà deux fois, habitait avec sa fille Hélène dans le haut du faubourg de Constantine. Bien malgré nous, nous devons avouer encore une fois que Tapedure n'était qu'un surnom que lui avaient décerné les zouaves à cause de son incomparable arrache-gozier (lisez : eau-de-vie).

On ne peut nous en vouloir si notre récit se déroule dans le cercle restreint de la vie des camps, notre titre nous y oblige. Or, chez les troupiers comme chez les marins, les sobriquets sont aussi en honneur que parmi les locataires de la Roquette ou des bagnes.

A part cela, rien de commun entre eux, comme de juste.

Hélène Collas, surnommée Tapedure, avait épousé au régiment le sergent Collas. Quand elle se sentit devenir mère, ils quittèrent tous deux le service des armes et vinrent s'établir blanchisseurs à Constantine.

Leurs affaires avaient modestement prospéré. Collas était mort vers la deuxième année de sa fille, à laquelle il avait donné le nom de sa mère, Hélène.

Malgré la désertion du patron, la blanchisserie de la mère Tapedure qui, dans cette ville de garnison, conservait son sobriquet avec gloire, n'avait point périclité. Elle faisait son métier avec goût, sa fille l'aidait, mais dans quelque coin de la boutique, sous le linge, il restait bien une ou deux bouteilles de casse-poitrine pour les anciens lorsqu'ils passaient.

La mère Tapedure admirait et aimait Garde-Crosse dont les hauts faits procuraient une certaine jouisssance à son patriotisme.

En quittant Mme la baronne d'Ornan, Garde-Crosse avait été chercher Mimosa.

— Eh ! l'ancienne, dit-il en entrant dans la reluisante boutique de la mère Tapedure, je viens vous confier tout ce que j'ai maintenant de plus cher au monde. Aimez bien et dorlotez cette enfant. C'est ma pupille et tout ce que vous ferez pour elle sera fait pour moi. Je ne suis pas ingrat, vous savez.

La veuve et sa fille embrassaient déjà Mimosa à pleine bouche.

— Marchef, dit-elle, vous pouvez dormir sur les deux oreilles, je suis toute à vous, et l'enfant ne manquera de rien, elle est de la famille dès ce moment.

— Mais, s'interrompit-elle en écarquillant les yeux, mazette ! ce n'est plus marchef qu'il faut dire, c'est lieutenant.

Garde-Crosse venait en effet de revêtir le costume de son nouveau grade.

— C'est cette enfant, dit-il en désignant Mimosa, je dois cela à ma petite providence.

— Mazette ! s'écria la mère Tapedure, sérieusement émerveillée, voilà qui s'appelle un coup du sort ; ah ! l'on donnerait tout son saint-frusquin pour servir de maman à ce bijou-là... Comment l'appelez-vous ?

— Afrique Mimosa.

— Tiens, tiens, c'est mignon tout plein, ces noms-là ! Viens donc que je t'embrasse, Afrique, ma jolie !

— Moi, disait de son côté Hélène, la jeune fille, je serai sa grande sœur, je l'amuserai, je lui apprendrai à lire, à écrire, à compter, à coudre, à tricoter, à marquer, à broder et à blanchir ; enfin tout ce que je sais... Est-elle jolie, au moins, ma petite sœur ! Venez vite qu'on vous caresse, Mimosa, ma chérie !

Ainsi sollicitée de deux côtés à la fois, l'enfant tendit ses petits bras, puis hésita, ne sachant, à laquelle des deux femmes donner la préférence.

Enfin, après avoir balancé un instant, elle se décida pour Hélène, qui la couvrit de baisers puis la passa à sa mère, dont les bras se mirent à la bercer.

Garde-Grosse attendri, mais le cœur un peu serré en songeant à la séparation, considérait tout cela avec émotion.

L'ancienne, fit-il enfin, vous me comblez de joie. Ma fille trouvera ici d'excellents cœurs qui l'aimeront bien, j'en ai la certitude. C'est tout ce qu'il fallait.

Maintenant causons raisons : je vous servirai cinq cents francs par an, soit une quarantaine de francs environ tous les mois. De plus la toilette ne regarde que moi seul.

Cela peut-il vous aller ?

La blanchisseuse ex-vivandière remit Mimosa entre les mains de sa fille et, s'avançant vers le sous-lieutenant, elle se croisa gaillardement les bras pour dire :

— Mazette ! comme vous y allez, Garde-Grosse, la paye d'un beau lieutenant comme vous est encore trop maigre pour l'entamer d'un seul coup pareillement. Non, mon bijou ! c'est trop, la mère Tapedure ne saurait que faire de tant d'argent...

Elle eut un bon gros rire et ajouta :

— Dieu merci, je suis assez bien au courant de mes affaires. C'est trop ! A ce compte, la petite roulerait sur l'or à sa majorité !

Garde-Crosse la regarda avec inquiétude. Nous savons que le brave garçon avait en horreur la moquerie qu'il fuyait comme la peste.

— Vous êtes bien aimable, l'ancienne, insinua-t-il, mais je me suis imposé une tâche et je dois la remplir. C'est personnellement que je veux m'en acquitter, sinon, rien de fait...

— Ah ! par exemple !...

— Taisez-vous, la bonne mère, commanda rudement Garde-Crosse, j'ai dit : sinon rien de fait. Ainsi voilà qui est entendu, nous sommes bien d'accord. Toutes les charges m'incombent uniquement. Vous aurez pour la fillette de l'affection, je le vois. Les soins ne lui manqueront pas, je le sais. Ne me cachez jamais rien, car je conserverai toujours la haute main sur son éducation. Si elle a des défauts, dites-le-moi, nous les corrigerons.

Pas de faiblesse, surtout!

Du reste, j'ouvre l'œil.

— C'est par trop fort ! gronda la mère Tapedure dont les pieds ne tenaient plus en place.

— N'allez pas interpréter faussement mes paroles, l'ancienne, expliqua Garde-Crosse ; j'ai confiance absolue en vous et en votre fille...

— C'est déjà bien heureux ! insinua la vieille avec rancune.

— J'ai entière confiance, reprit le sous-lieutenant, sans quoi je ne serais pas venu directement vous trouver. Mais par tendresse pour la fille ou par attachement pour moi, vous pourriez peut-être me dissimuler bien des petites choses. Les petits défauts grandissent en même temps que leur propriétaire ; c'est pourquoi il est essentiel de les enrayer dès le début.

— Mazette ! fallait le dire tout de suite; on comprend à la fin des fins, fit la vindicative mère Tapedure.

— Monsieur Garde-Crosse, dit à son tour Hélène, je puis vous affirmer que Mimosa sera bien élevée. Je ne crois pas pécher par orgueil en disant que maman n'a jamais eu envers moi de sotte faiblesse; mon bon père eut peut-être désiré faire de moi une jeune fille plus instruite, mais maman a toujours su maintenir sa façon de voir. J'en suis heureuse aujourd'hui.

— Ça c'est vrai, appuya la bonne femme, et Collas, mon défunt, aurait, n'empêche, une fameuse gloriole à entendre jaboter à l'heure qu'il est son bijou d'Hélène. Sa fille n'a point menti, Garde-Crosse, mon garçon. Pour quant à avoir de la faiblesse, c'est pas dans l'habitude de la veuve à Collas, Faut se faire une raison. Mazette!

— Tout est bien qui finit bien, conclut Garde-Crosse en broyant d'une vigoureuse poignée de main les doigts tendus de la vieille femme. Je vais vous quitter, l'ancienne, et je compte sur vous.

Après avoir embrassé Mimosa, sa pupille, Garde-Crosse sortit de cette bonne maison, content, parce qu'il était rassuré, maintenant, sur l'avenir de sa fille, mais le cœur tout serré en songeant que l'enfant était avec d'autres.

CHAPITRE IX

LE VICOMTE GEORGES

Nous sommes en 1844.

Afrique Mimosa était maintenant une ravissante jeune fille de 14 ans.

La peau légèrement ambrée par le soleil africain, de grands yeux rêveurs, mais pétillant d'intelligence, sa longue chevelure blonde, qui débordait en onde tumultueuse de tous les côtés de sa tête et la fait distinguer parmi les autres jeunes filles de Constantine dont la plus grande quantité avait les cheveux noirs.

De plus, elle avait la taille bien prise, élancée, et l'on devinait déjà en elle toutes les perfections de la femme.

Douée d'une bonne intelligence, d'une grande facilité, Mimosa avait rapidement profité aux leçons de sa grande sœur Hélène. Aujourd'hui, le professeur s'était déclaré incompétent, comprenant que son élève, avec sa mémoire prodigieuse, ses doigts de fée, aurait pu lui en remontrer.

Garde-Crosse venait de temps en temps la chercher pour faire avec elle de longues promenades dans la campagne.

Il n'avait pas à cultiver l'esprit de sa fille, qui en savait plus long que lui ; mais il cherchait toutes les occasions de la distraire ou de former son cœur en lui citant les bons exemples qu'il avait été à même de voir en sa vie.

— Du temps de ma jeunesse, lui dit-il un jour, j'avais une petite sœur, belle, bonne et douce comme toi, ma Mimosa. Comme toi aussi, elle avait beaucoup de bonne volonté et une surprenante facilité pour apprendre. Mais elle possédait, par-dessus tout, le sentiment de la reconnaissance et le souvenir du bien reçu.

« Ma petite sœur avait nom Juana.

« Mon père et ma mère, deux bonnes âmes, deux cœurs d'élite, avaient à ferme l'une des plus grandes métairies du comte Sabiello, un vieillard, avare autant que l'argent, et se faisant sourd à plaisir quand venait jusqu'à lui la plainte des malheureux.

« Par contre, ce riche vieillard, marié sur le

tard, avait hérité, à la mort de sa femme, d'un jeune garçon qui, en grandissant, se révélait comme devant être d'un caractère tout opposé à celui de son père.

« Le vicomte Georges (ainsi se nommait l'enfant) était aimé, presque adoré, par tous les tenanciers de son père, car ces gens simples devinaient en lui un soutien.

« Tous nos champs se couvraient de vignes et la vendange était notre principale moisson.

« A l'époque de ma seizième année, les orages ne cessèrent de balayer le Bordelais pendant la mue du raisin, c'est-à-dire en juillet et en août.

Plus défavorisés que nos voisins, toutes nos vignes furent couchées, brisées, saccagées par la grêle, et quand vint le moment d'acquitter son fermage, le bonhomme Tédesco, mon père, constata avec une désolation profonde la pénurie où il se trouvait. Ah! certes, il ne s'agissait pas de badiner avec le comte Sabiello, on n'avait aucune pitié à attendre du vieux ladre, car sur ce sujet il ne se savait point d'entrailles. Déjà, nous connaissions, sans en douter, le sort qui nous pendait au nez. Il allait falloir quitter la ferme où nous étions nés, et que faire ailleurs ?

« Pour ne point accroître la mortelle douleur

de nos malheureux parents, Juana et moi nous avions été pleurer dehors.

« Tout à coup, le vicomte Georges qui rôdait dans le voisinage, nous voyant si désolés, accourut vers nous et dit en prenant la main de Juana :

« — Allons, qu'y a-t-il, ma petite Juana, quel est ce gros chagrin? Contez à votre ami la grosse pépeine?

« Généralement, dans des occasions semblables, les hommes dont la qualité première n'est pas de savoir supporter le malheur, perdent plante. Les femmes, bien au contraire, ont une force de résistance qui étonne toujours venant de leur faible constitution.

« Pour ne point mentir aux coutumes de mon sexe, je demeurai sans parole, mais Juana, elle répondit aussitôt en essuyant ses yeux, où les larmes perlaient toujours :

« — Oh! Monsieur le vicomte, nous pleurons parce que maman pleure.

« — Et pour quelle raison la bonne femme pleure-t-elle ? demanda encore le vicomte Georges quittant ses façons railleuses en devinant que cela devenait sérieux.

« Juana passa furtivement le pan de son

tablier sur ses paupières, séchant ainsi la dernière larme rétive.

« — Si maman pleure et le père aussi, dit-elle, c'est parce que M. le comte, votre père, leur a signifié d'avoir à quitter la ferme où nous sommes nés. Et pourquoi, mon Dieu…? Faute de pouvoir lui payer immédiatement le fermage, les vignes ayant été complètement détruites par la grêle de juillet. Oh ! M. le vicomte, ne pourrait-il donc attendre un peu que les pauvres vieux aient eu le temps de regagner le temps perdu. Il serait payé alors. Mais non, ajouta-t-elle avec amertume, vous n'avez rien de votre père, vous, car il est dur, lui, et se bouche les oreilles pour ne point entendre des plaintes.

« Le vicomte Georges écoutait stupéfait les paroles de ma sœur. Il se doutait un peu de l'avarice de son père, mais jamais personne de son entourage n'avait osé lui en révéler autant à la fois.

« C'est qu'il fallait l'extrémité où nous nous trouvions pour arracher à la petite Juana ces paroles de reproche.

« J'en étais devenu pourpre, tant l'audace de Juana me faisait peur.

« Le vicomte Georges blêmissait à vue d'œil.

« Il était beau garçon, mais chétif, et l'on voyait sur son visage les traces d'une maladie qui ne pardonne pas, la phtisie, plus communément connue sous le non de maladie de poitrine.

« Sous la pâleur de sa joue diaphane, on voyait poindre aux pommettes ces taches rosées connues de tous, et dont la vue fait naître la pitié en même temps que ce mot sort des lèvres : « Poitrinaire. »

« — Mes amis, fit-il soudain avec autorité, séchez vos larmes, je le veux. Nul ne sait ce que je puis obtenir de mon père, mais il m'aime et je vais faire tout mon possible pour vous procurer de la joie. Rentrez chez vous, et surtout ne bercez pas les pauvres vieux d'un espoir trop chimérique. Ne parlez pas de notre entrevue ; dans une demi-heure au plus tard j'aurai perdu ou gagné une première bataille.

« Il nous serra les mains et s'élança vers le château du comte.

« Le château du comte Sabiello, situé tout près de notre métairie, nous présentait sa haute façade.

« C'était une vilaine mais robuste construction datant à peu près de l'époque où Henri de Navarre, roi de France, allait à la conquête de sa bonne ville de Paris.

« Derrière s'étendaient les jardins dont l'extrême limite allait se baigner dans les eaux de la Garonne. Nous voyions distinctement le perron de notre place.

« Le vicomte Georges le franchit d'un seul bond, puis disparut derrière l'énorme battant de la porte vitrée.

« Nous rentrâmes, Juana et moi, un peu réconfortés.

« Nous n'aurions su dire pourquoi nous avions espoir, ce diable de vicomte nous avait tout retournés.

« En le sentant avec nous, la pensée nous venait de chanter et de danser.

« — C'était un cœur d'or, ce vicomte. Tout enfant qu'il était, il avait de l'adresse et ne manquait point de résolution.

CHAPITRE X

LE JURON DU VICOMTE GEORGES

« A peine arrivé au château, le vicomte Georges, qui savait pratiquer sur lui-même cette maxime, « battre le fer pendant qu'il est chaud », se fit annoncer chez le comte et, aussitôt introduit près de lui, débuta de cette façon :

« — M'aimez-vous beaucoup, père ?

« En vérité, le vieillard n'avait qu'un seul amour, son fils ; qu'une seule passion, son or.

« Interloqué par cette question presque saugrenue, il demanda, au lieu de répondre :

« — Tu me la bailles belle, vicomte, n'es-tu pas mon unique héritier ? Vertubleu !

« — M'aimez-vous, mon père ? répéta Georges ; l'héritage n'a rien à voir ici.

« — Palsambleu ! vicomte, grommela le vieillard en l'embrassant rondement, nous sommes à confesse, je crois. Et oui, mon fils, je t'aime. En douterais-tu par hasard ?

« — Je voudrais ne pas en douter mon père, mais alors pourquoi me chagrinez-vous ?

« — Jarnibleu ! mon fiston, te chagriner, moi ? Voilà une accusation qui manque de base fondamentale. Ne fais-je donc pas tout ce que tu veux ? Tes désirs les plus dispendieux ont-ils parfois souffert, dans leurs accomplissements, un retard par ma faute ? Si cela était, vicomte, dis-le franchement et nous saurions nous tancer de la verte manière. Corbleu !

« Tous les jurons en *bleu* procuraient un agrément raffiné au vieux comte Sabiello ; aussi en faisait-il une effrayante consommation. Il avait un carnet où il les notait avec soin. C'était la distraction du poétique vieillard.

« — J'ai peut-être dit à tort que vous cherchiez à me contrarier, reprit Georges. En tous cas, vous l'avez peut-être fait sans mauvaise intention. Mais je suis là heureusement, ajouta-t-il avec un sourire, pour vous faire réparer vos péchés d'inattention. Si je suis contrarié, j'ai mes raisons pour l'être, n'est-ce pas ? Et la plus grosse la voici : Voyez-vous, je suis fatigué d'entendre toujours répéter autour de moi que vous êtes un homme dur, sans pitié pour les pauvres, avare, injuste même envers les faibles, vous si riche !...

« — Ventrebleu ! gronda le vieux comte, qui dit cela, mon fiston ?

« — Laissez, père, laissez, continua celui-ci. Si vous vous fâchez dès le début, que direz-vous de la suite ?

« Le comte Sabiello gratta sa tête qui ne le démangeait point, en murmurant :

« — C'est donc bien fort ? Par la morbleu !

« — Dernièrement, poursuivit le vicomte Georges, je lisais la parabole du mauvais riche et, je ne sais pourquoi, l'idée me vint de trembler pour vous, père. La nuit même j'eus un cauchemar épouvantable, horrible ! Jugez-en plutôt. Je me figurais que c'était vous qui, du fond des enfers où vous rouliez entouré de flammes, de soufre et de salpêtre, criiez à Abraham en le suppliant de vous envoyer Lazare avec une goutte d'eau pour éteindre l'ardeur dévorante du feu qui vous martyrisait la gorge... Et je souffrais de ne pouvoir venir à votre aide, et je pleurais toutes les larmes de mon corps en écoutant la réponse d'Abraham : « Tu as été comblé de biens sur la terre, disait-il, alors tu as souri en écoutant la plainte du pauvre; tu as détourné la tête pour ne point voir l'agonie du désespéré, tu t'es bouché les oreilles pour éviter d'entendre le cri déchirant de l'affamé. Maintenant, le pauvre est dans les délices, l'affamé chante d'allégresse, le désespéré s'enivre de joie. Toi, par contre, tu es dans les tourments. Reconnais donc la justice de Dieu en laquelle tu n'as plus droit. A chacun sa part qui ne lui sera pas ôtée ! » Les larmes me réveillèrent et je me mis à réfléchir amèrement. Mon pauvre père, me disais-je, ira donc dans les supplices parce que, comme le mauvais riche, il aura repoussé le pauvre, refusé l'aumône et exigé intégralement le fermage des malheureux qu'une grande calamité a réduits au dernier sou ! Oh ! cela ne se peut pas. Il va changer. N'est-ce pas, père ?

« Le comte Sabiello avait écouté cette tirade en tournant ses pouces d'un air ennuyé.

« Le grand coup que croyait avoir frappé le vicomte Georges tombait dans l'eau. Néanmoins, tout découragé qu'il était, il poursuivait en s'animant :

« — Oui, vous allez changer, mon père, et désormais je n'entendrais plus murmurer sur mon passage : « Voici la progéniture de cet impitoyable Harpagon qui nous dévore! » mais bien : C'est là l'enfant chéri du généreux comte. Sabiello, notre aimé maître. »

« Le vicomte Georges se leva en ajoutant par acquit de conscience :

« — Il faut que cela soit. Et cela sera, têtebleu !

« — Têtebleu ! répéta le veillard ébloui, en bondissant comme une carpe. Têtebleu ! en voilà un que je connaissais pas. Ventrebleu ! Têtebleu me plaît.

« Il atteignit précipitamment son carnet ; y griffonna ce terme à la suite des jurons nombreux de son répertoire complet. Tout en écrivant, il répétait, pour bien graver le mot dans sa mémoire :

« — Têtebleu ! têtebleu ! têtebleu !

« — Après avoir soigneusement corné la page de son carnet où venait d'être écrit ce mot chef-d'œuvre, le vieux comte pressa son fils stupéfait et honteux sur sa poitrine, en lui disant :

« — Crois bien, vicomte, que ce mot inconnu, saillant hors de tes lèvres, m'a procuré du plaisir. Têtebleu, ah ! morbleu ! je ne suis pas aussi injuste qu'on le pense. Vois-tu, vicomte, la ladrerie dont on m'accuse n'est en somme que de la finesse pour gérer mes biens. Si je ne fais pas l'aumône et si j'exige mon dû avec rigueur, c'est que la mendicité est parfois le fruit de la paresse. Les dettes cachent bien souvent la mauvaise foi. Or, il est de notre devoir de n'encourager ni l'une ni l'autre.

« — Assurément, père, mais en dehors de ces gens-là, il est aussi des pauvres qui ne mendient que parce qu'ils ne peuvent faire autrement. Il est de même des débiteurs de bonne foi qui souffrent, tous les premiers, de ne pouvoir remplir leurs engagements. Notre métayer Tédesco, par exemple, ne vous a pas payé son dernier fermage parce qu'il lui a été impossible de le faire et il en est au désespoir. Vous n'ignorez pourtant pas que la grêle a sabré toute sa récolte. Qu'y peut-il ? A l'heure qu'il est le pauvre homme est avec toute sa famille en pleurs. Ils attendent avec angoisse le moment où ils vont être obligés de quitter cette ferme où les uns ont vécu, où les autres sont nés. Vous allez prouver dès aujourd'hui votre bonté, tout en donnant un éclatant démenti aux clabaudages qui se font sur votre compte. Vous allez vous asseoir là, mon père, prendre votre plume et écrire.

« — Ah ! vicomte, fit le vieillard en s'asseyant

de bonne grâce, les jeunes gens d'aujourd'hui sont terribles. En somme, têtebleu est un joli mot. Que veux-tu que j'écrive?

« — Ceci : « Moi, comte Sabiello, comme j'ai soussigné, propriétaire de la métairie exploitée par les époux Tédesco, déclare, par la présente, leur faire remise entière du trimestre échu...

« — Comment! comment! s'écria le vieux comte, morbleu! vicomte, tu abuses de la supériorité que te confère ma faiblesse...

« — ... Du trimestre échu le 15 de ce mois, continuait imperturbablement Georges, en la présente année. En fait de quoi j'ai signé...

« — Jarnibleu! s'exclama encore le vieillard, mais tu n'y penses pas vicomte; c'est une forte somme cela, et puis ce serait d'un très mauvais exemple pour nous autres fermiers. Morbleu! Ils en prendraient occasion pour ne pas me payer non plus, espérant que j'en agirai de même à leur égard... Têtebleu! — c'est bien vrai qu'on n'en fait pas comme cela tous les jours — mais enfin c'est la ruine, à bref délai...

« — Vos fermiers sont de braves gens qui ne voudront pas faire tort au propriétaire qu'ils estimeront. Ainsi, ce n'est pas la ruine, mon père, c'est tout au plus un petit sacrifice dont vous aurez peut-être à me remercier.

« — Te remercier d'un sacrifice que je vais faire, décidément, vicomte, tu n'as pas foi... et pourtant il y a le têtebleu!... Enfin, je signe... Es-tu content? Vertubleu!

« Le vicomte Georges, saisi la feuille de papier, embrassa longuement son père et prit la porte en criant :

« — Merci!

« — Maugrebleu! Jarnibleu! Palsambleu! grommelait le vieillard en le voyant courir sur le chemin. Je suis rasé. Misérable coquin de têtebleu! Canaille de têtebleu!

« Il frappa du pied avec colère. Puis, un peu calmé par cette bordée, il reprit son siège en murmurant :

« — Au fait sans lui, je serais encore à l'apprendre. Quel bijou de mot!

Ce bijou de mot qu'il caressait ainsi, c'était tout simplement : têtebleu, échappé aux lèvres de Georges dans une parole d'emportement irréfléchie.

CHAPITRE XI

LE REMORDS DU VICOMTE GEORGES

« Par la fenêtre ouverte de la ferme, nous vîmes le vicomte Georges accourir.

« Tout en franchissant les fossés et les haies pour couper au plus court, il brandissait un papier blanc au-dessus de sa tête et sa bouche ouverte semblait crier :

« Victoire ! »

« Mais là nous n'étions que deux pour comprendre l'énigme de ce mot que l'on n'entendait point : Juana et moi.

« Les deux bonnes gens, le père et la mère, pleuraient toujours silencieusement dans leur coin, ignorant le bonheur qui allait sans doute leur tomber du ciel. Car nous avions, bien entendu, gardé le silence sur notre entrevue avec le vicomte comme celui-ci l'avait ordonné.

« Enfin l'on entendit sa voix et c'était bien le mot : victoire, que cette voix prononçait.

« — Mon homme, dit ma mère, en se servant de sa main comme d'un abat-jour, car sa vue était faible; mon homme n'est-ce point M. le vicomte qui s'en vient vers chez nous ?

« — C'est lui, ma femme, répondit le père.

« — Ah ! le bon Dieu aurait-il pitié de nous ?

« Le vicomte Georges franchit le seuil en galopant.

« Il embrassa les deux vieux et jeta son papier sur les genoux du père.

« — Seigneur ! s'écria celui-ci, après avoir lu; le vicomte Georges est notre bon ange. Allons femme, allons, enfants, remerciez-le bien. C'est la quittance, en bonne et due forme de notre fermage arriéré.

« Dans son exaltation, le père embrassa le vicomte Georges.

« Juana et moi, nous n'avions pas attendu si longtemps pour le remercier.

« — Mais, mon homme, fit la bonne femme incrédule, ce n'est pas possible; le comte nous aurait remis un fermage entier ?

« — Quand on te le dit, ma femme !

« Le vicomte pensa être étouffé sous les caresses de ma mère.

« Alors le vicomte nous raconta comment il

s'y était pris pour extirper cette quittance à son père.

« L'histoire du cauchemar nous remplit d'admiration.

« — Avec un pareil songe, dit mon père, nous avions la partie belle.

« — Tu veux dire gagnée, mon homme, répliqua ma mère.

« — Eh bien, vous vous trompez tous deux, interrompit le vicomte, après ce songe merveilleux, votre partie était bel et bien perdue.

« Le père et la mère se regardèrent avec épouvante.

« Mi-Jésus, dirent-ils ensemble, nous voilà bien !

« Je dois avouer que ma déception n'était pas moins grande que la leur.

« Quant à Juana elle partagea entre nous un sourire protecteur.

« Elle avait compris.

« Le vicomte Georges éclata de rire en pointant son doigt sur le papier.

« Bel et bien perdue, répéta-t-il, fier de son succès, perdue de fond en comble. Mais...

« Un soupir de soulagement sortit de toutes les poitrines.

« Il y avait un *mais*...

« Seule, Juana n'avait pas soupiré.

« Elle était bien supérieure à nous autres. Elle devait bientôt quitter cette terre d'exil et s'en retourner au ciel où vivent ses pareilles.

« Mais, continua tout d'un trait le vicomte Georges, comme tout le monde, mon père a ses petits défauts. Dans ma colère de ne pouvoir l'attendrir sur votre sort, j'ai eu l'heureuse chance de dire : Têtebleu !... Il m'a sauté au cou, fou de bonheur, m'avouant que ce mot manquait à son répertoire, et dans sa joie il s'est montré tout prêt à me satisfaire, n'ayant, disait-il, plus rien à me refuser... Voilà, mes amis quel est le hasard de ma réussite. Cependant, j'aimerais à savoir si j'ai commis un bien gros péché en disant : Têtebleu ! Par conséquent, je vous quitte pour aller m'en enquérir auprès du vicaire.

« Nous le serrâmes une dernière fois dans nos bras et il s'enfuit, talonné par son remords.

« Un an après, presque jour pour jour, mon bon vieux père s'en allait au cimetière et la bonne femme ne tarda point à le rejoindre ; ils avaient si longtemps vécu ensemble, qu'elle ne put s'accoutumer à demeurer là où il n'était plus.

« Ma petite sœur adorée, Juana, s'envola à son tour, désolée de me laisser seul dans la vie. Quoique beaucoup plus jeune que moi, elle avait toujours été mon conseil.

« Je la pleurai, comme on doit pleurer sa meilleure amie.

« Bientôt, je dus tirer au sort en même temps que le vicomte Georges. Le vicomte était de plus en plus maladif, il amena un mauvais numéro, moi un bon.

« Le vieux comte Sabiello s'éteignait doucement.

« Il s'était un peu amendé sur ses derniers jours et on commençait à l'aimer.

« En apprenant le mauvais sort du vicomte, il se mit à jurer : « Sang bleu de sort ! Maugrebleu ! » Ne pouvait-on laisser ce pauvre enfant mourir en paix, lui que la phtisie emportait sûrement ?

« J'allai trouver le vieux comte.

« — Monsieur, lui dis-je, je n'ai plus rien qui me tienne en ce pays. Si vous le permettez je partirai à la place du vicomte votre fils. L'état de soldat ne me déplaît point et je veux payer aujourd'hui la dette de reconnaissance que ma famille avait contractée envers lui.

« — Palsambleu ! s'écria le vieillard, le gaillard m'avait bien dit que j'aurais à le remercier un jour ou l'autre du sacrifice qu'il me fit faire alors. Allez, mon enfant, et si vous avez parfois besoin d'argent, écrivez-moi, têtebleu ! écrivez-moi.

« Voilà, termina ici Garde-Crosse, voilà ma Mimosa, une partie de mon histoire.

« Je t'aime pour toi même, d'abord ; en souvenir de Juana, ma petite sœur, ensuite. Je n'écrivis jamais au vieux comte pour lui réclamer de l'argent, tu t'en doutes bien.

« Il est mort et son fils malade est aujourd'hui seul au pays. »

CHAPITRE XII

APPARITION DU DANGER

Afrique Mimosa était, dans toute l'acception du mot une noble jeune fille. Elle avait de beaux sentiments, se montrait généreuse, son cœur ardent et sympathique ne demandait qu'à bien faire.

Tout ce qui était mauvais lui répugnait, elle avait une horreur invincible pour les choses inavouables.

On surprenait chez elle des délicatesses d'hermine que la moindre souillure révolte et fait bondir.

Elle avait pour son vaillant sauveur, son généreux soutien, pour Garde-Crosse enfin, une affection sans bornes.

Sa reconnaissance était profonde.

Elle savait comprendre et sentir les soins de tous, aussi la mère Tapedure et sa fille Hélène possédaient-elles une bonne place dans son cœur.

En même temps qu'elle grandissait en taille et en beauté, Mimosa se formait à la vie laborieuse et paisible que son père adoptif avait voulu lui assurer.

C'était une habile ouvrière, ses travaux très remarqués pouvaient désormais lui assurer son existence.

Elle brodait avec sa grande sœur Hélène pour les plus riches maisons de Constantine, tandis que la mère Tapedure continuait, à elle seule, à abattre tout l'ouvrage de la blanchisserie.

Mme la baronne d'Ornan pouvait passer pour une des meilleures clientes de Mimosa. Malgré la façon un peu cavalière dont Garde-Crosse avait repoussé ses avances, Mme la baronne d'Ornan ne s'était point permis d'oublier la jolie petite fille qui lui avait inspiré un si vif intérêt.

Son bon sens lui avait fait vite comprendre que le sous-lieutenant ne déraisonnait pas. Toujours sans enfant, d'ailleurs, il fallait bien que son affection maternelle se portât sur quelqu'un.

Aussi, se mit-elle à favoriser, autant qu'il était en elle, les progrès de Mimosa, se promettant, le moment venu, de lui procurer, en cachette du terrible Garde-Crosse, de quoi s'établir avantageusement.

Garde-Crosse voulant tout faire par lui-même, la bonne dame en était jalouse et lui en voulait.

Comme nous le verrons par la suite, il était dit que le brave chasseur aurait toujours le dessus.

Maintenant, M. le baron d'Ornan, était colonel de chasseurs d'Afrique. Il avait monté en grade sur place. C'était une haute personnalité de Constantine avec laquelle il fallait compter. Sa femme ayant hérité, sa fortune lui permettait de soutenir dignement son rang.

Cependant, il n'en avait pas moins conservé un grand attachement pour Garde-Crosse, l'ex-marchef et, sur sa recommandation expresse, celui-ci venait souvent dîner en son hôtel.

Malgré la distance qui sépare l'officier supérieur du petit officier, ces deux hommes se comprenaient. Courageux tous deux et également pleins d'honneur, ils étaient faits pour s'aimer.

Mimosa qui, avec son beau visage encadré d'une forêt blonde, sa taille svelte et élancée, son grand œil bleu pensif, pouvait passer à bon droit pour la plus jolie fille de Constantine, Mimosa, disons-nous, témoignait depuis quelques jours une vague inquiétude qui ne pouvait échapper longtemps à l'œil clairvoyant de son père adoptif.

Jamais auparavant elle n'avait eu de secret pour lui, aussi voulut-il-connaître la cause de cette inquiétude dont elle se cachait. Cette fois pourtant le cœur de sa fille demeura fermé pour lui.

Comme un bon chien d'affût, il n'en fut que mieux piqué au jeu et résolut de la surveiller afin de se rendre compte par lui-même.

Un soir, sachant qu'elle avait à reporter de l'ouvrage chez Mme d'Ornan, il la suivit à distance et se cacha derrière une encoignure pour l'attendre à son retour.

A sa sortie, il se remit en chasse, mais s'aperçut alors qu'il n'était plus seul.

Un jeune capitaine, nouvellement débarqué de France et qu'il avait bien vu rôdant aux environs, se mit à suivre la jeune fille.

Ce capitaine avait apporté avec lui une terrible réputation de don Juan séducteur.

Il marchait à quelque distance devant Garde-

Crosse, cherchant évidemment à accoster Mimosa.

Celle-ci, hâtant son pas, paraissait vouloir le fuir.

Garde-Crosse s'élança et offrit son bras à la jeune fille sans mot dire.

Mais ceci ne faisait pas le compte du brillant capitaine.

— Pardieu! lieutenant, s'écria-t-il, on vous en donnera à revendre des poulettes de cette catégorie. Voulez-vous me faire l'amabilité d'aller voir au quartier si j'y suis.

— Capitaine, répondit rudement Garde-Crosse dont la tête était suffisamment près du képi, cette poulette est ma fille, et votre façon de parler d'elle tendrait à démentir la réputation de galanterie dont l'armée française se fait gloire.

— Ah! ah! vous êtes son père ; eh bien, lieutenant, nous aurons le plaisir de recauser ensemble !

— Comment ma fille, demanda Garde-Crosse quand le capitaine se fut éloigné, voilà le grand secret que tu voulais me cacher ?

— Pardonnez-moi, mon père, mais connaissant votre caractère chevaleresque, je craignais votre colère et redoutais par-dessus tout ce qui vient d'arriver. Qu'adviendra-t-il, mon Dieu, de tout ceci ?... Vous allez revoir le capitaine, il vous y a convié. Devant ses railleries j'en ai peur vous êtes capable de le briser comme un fétu de paille. Et alors, tous vos services oubliés, nul ne pourra vous empêcher d'être traduit devant un conseil de guerre, comme c'est la loi

— Tu parles comme un livre, ma fille. Mais aimes-tu cet homme ?

— Pouvez-vous le croire, mon père.

— Non, j'aime à espérer le contraire. Pourtant je dois te dire : Prends garde, mon enfant ! Celui-là est un séducteur émérite, sa renommée l'affirme.

Pour notre entrevue, tu n'as rien à en redouter, elle n'aura pas lieu.

Je vais aller trouver le colonel d'Ornan qui se chargera de lui laver les oreilles d'importance. Mais s'il se tient battu quant à moi, il cherchera peut-être à s'en venger en t'inspirant... comment dirai-je ?... en t'inspirant une certaine amitié. Maintenant plus que jamais prends garde !...

Ecoute, voici la suite d'un récit que je fis il y a longtemps à Mme la baronne d'Ornan, alors qu'il s'agissait entre nous de ton avenir. Je lui en avais promis la fin, mais il sera plus profitable que je te la dise à toi.

CHAPITRE XIII

GARDE-CROSSE CHANTE LA COMPLAINTE DE NINIE-L'ABSINTHE ET TERMINE SON HISTOIRE.

— Par une belle matinée du mois d'avril, au moment où les villageois commençaient à quitter leur demeure, la bêche sur l'épaule, pour aller travailler aux champs, ils virent une jeune femme chétive, encore belle, mais misérablement vêtue et les traits fatigués, qui descendait la route venant de Cadaujac au village de Martillac.

« A côté d'elle marchait un petit garçon qu'elle traînait par la main.

« Le petit garçon souriait et la jeune femme dont les yeux semblaient chercher dans le vide les traces d'un bonheur enfui, la jeune femme chantait.

« Elle chantait. Sa chanson, une mélopée grave et triste comme la douleur même.

« Le soleil commençait à dorer les toits de

chaume et tirait des étincelles par-ci par-là aux gouttes que la fraîcheur de la nuit avait déposées sur les brins d'herbe. La brise, traversant les charmilles de lilas en fleurs et les haies d'aubépines du jardin des *bonnes dames*, comme on nommait les Sœurs de l'Espérance, la brise, en courant tiède et douce, apportait avec elle des parfums de printemps.

« Elle chantait.

« Sa voix eût fait tressaillir les pierres.

« Les paroles de sa chanson eussent arrachées des larmes aux yeux d'un tigre.

« Et pourtant, nul ici ne la voyait d'un bon œil. Les commères, attirées sur leur porte par le bruit de sa voix plaintive, la regardaient avec une malveillante curiosité.

« Les enfants avançaient vers elle, puis se sauvaient en lançant une méprisante ironie au petit garçon.

« Les chiens allaient les flairer tous deux et revenaient en grognant.

« Cependant, plus humains que les autres, dans leur genre, ils se mettaient à hurler misère, parce que la chanson leur semblait désagréable à entendre. Quant aux hommes, ils se contentaient de dire :

« — Tiens ! c'est-y point la *mademoiselle* à Daniel, le jardinier des bonnes dames ?

« C'était, en effet, Eugénie, que tout le village avait connue, naguère, si heureuse, si belle, si parée.

« Elle n'avait pas encore vingt ans.

« Ses cheveux, mal peignés, tombaient en mèches lourdes sur ses épaules.

« Elle était très pâle.

« La misère creusait ses joues, et la boisson mettait des tons de feu à ses pommettes saillantes.

« Le petit garçon, un vrai chérubin, les joues roses, les cheveux ébouriffés, les yeux brillants, se pendait à sa jupe et marchait en regardant derrière lui, comme font presque tous les enfants.

« Il souriait, bien gentiment, aux gamins qui lui faisaient la grimace.

« L'histoire de la pauvre Ninie était courte; entraînée comme malgré elle par la parole dorée d'un beau capitaine, elle l'avait suivi. Il l'avait quittée.

« Ce fut un rude coup pour Ninie. Elle adorait le beau capitaine, et fût certainement devenue folle sans le petit garçon que Dieu lui envoyait comme une consolation et comme un blâme.

« La maternité l'empêcha de perdre la raison. Mais comme sa solitude d'à présent lui remettait sans cesse en mémoire le bonheur d'autrefois, la bonté de ses parents et l'heure de folie qu'elle expiait si durement, elle voulut oublier et se mit à boire de l'absinthe. »

— La malheureuse ! interrompit Mimosa en joignant les mains.

— Oui, reprit Garde-Crosse, la malheureuse, en effet. L'absinthe lui procura quelques heures d'insensibilité, mais sa mémoire, au réveil, parlait.

« Elle portait toujours sur elle une petite gourde de cavalerie, relique du capitaine. Cette gourde contenait de l'absinthe. Souvent, dans les rues de Bordeaux, elle la portait à ses lèvres, non pour la baiser, mais pour en boire le contenu.

« Eugénie avait reçu une instruction supérieure et ne manquait pas de bon sens; dans ses moments d'anéantissement, elle chantait une complainte de sa composition qui amenait des larmes dans tous les yeux de ceux qui l'entendaient.

« Dans cette complainte, elle pleurait la mort

de son père et de sa mère, mort dont elle s'accusait.

« Et de fait, sans qu'elle l'eût jamais appris, la bonne femme était au cimetière, mais le père vivait encore.

« Un jour, enfin, celui où nous sommes, il lui prit fantaisie d'aller prier sur la tombe de ses parents. Elle se mit donc en route pour le village, traînant derrière elle son petit garçon.

« Pour se donner du cœur, elle avait fréquemment accolé sa gourde en chemin. Tout en marchant, elle chantait cette chanson qui l'avait fait surnommer, à Bordeaux, Ninie-l'Absinthe.

« Sa voix plaintive ajoutait encore à la mortelle tristesse de ses paroles.

« Elle disait :

> Je cherche l'oubli [1]
> Qu'on prête à l'absinthe
> Cette liqueur sainte
> Du cœur avili.
> Ce n'est pas pour crime,
> Pour peine minime,
> Pour tristesse infime,
> Que je vais ainsi.

---

[1] *La chanson de Ninie-l'Absinthe,* mise en musique est en vente chez E. Fromont, éditeur, 12, passage du Saumon, Paris.

> J'eus jadis un père,
> La santé prospère
> Le cœur de ma mère,
> Son amour aussi...
>
> Afin d'oublier mon histoire,
> Je m'en vais
> Par les cabarets, pour y boire,
> Mais jamais
> Ne peut s'endormir ma mémoire.

« Ils étaient tristes à voir tous deux, la mère et l'enfant, seuls au millieu de ce village vivant et de cette nature en joie.

« Les paysans commençaient à comprendre les paroles de la complainte et une nuance de pitié remplaçait maintenant, sur leurs rudes visages, la récente ironie.

« — Ah ! dame, c'est pourtant vrai qu'elle avait un père et une mère, dit une commère. Elle était tout de même bien mignonne à ce temps-là...

« — Pauvre corps, intercalait une autre plus compatissante, faut-y qu'elle ait souffert mon Dieu-Jésus pour en être réduite à c' t' état d'esquelette !

« Le chérubin souriait toujours aux jeunes bambins dont les grimaces subissaient le sort du mépris de leur mère.

« Ninie s'avançait. Derrière elle marchaient les plus curieux.

« Elle continua à chanter :

> Je voudrais brûler
> Ma cervelle inerte,
> Dans la liqueur verte
> Qui vous fait râler ;
> Liqueur si fatale,
> Violette et pâle,
> Rayonnant d'opale,
> Et qui vous rend fou !
> Eau dix fois maudite,
> Absinthe hypocrite,
> Sois ma favorite !
> Versez... glou-glou-glou !...

« Les paysans se signèrent avec effroi parce qu'elle venait de franchir la porte du cimetière.

« Sa démarche avait des ondulations. Elle se penchait sur toutes les tombes, lisant attentivement les inscriptions. Quand elle s'arrêta devant la dernière, la plus fraîche, ses genoux fléchirent d'eux-mêmes et la pauvre fille sembla retrouver une lueur de raison, elle eut un sanglot.

« Sur une petite croix de bois, marque du dernier asile des indigents, on pouvait lire ces mots :

THÉRÈSE, FEMME DANIEL,

Vieillie par le chagrin. Morte de douleur !

« Elle prononça avec effort :

« — Pardon, ma mère !...

« Bientôt pourtant, Ninie se redressa. Elle savait ce qu'elle voulait savoir : son père devait vivre, puisque sa mère seule était là.

« A sa suite, maintenant, marchait tout le village.

« Les bonnes gens allaient au pas et silencieux, comme on suit un enterrement. Et de fait, les cloches de la petite église sonnaient à toute volée le glas des trépassés, appelant les chrétiens à la prière.

« Au détour d'une rue, un grand vieillard aux longs cheveux blancs demeura un instant étonné à la vue de ce cortège. Puis apercevant Ninie, il sembla comprendre soudain et, après avoir levé ses deux mains vers le ciel comme pour implorer la clémence divine, résolument il se mit à suivre la pauvre femme.

« Ce grand vieillard portait la soutane sombre des servants du Seigneur. Il était tout à la fois aumônier des Dames de l'Espérance et curé de Martillac.

« Ninie avait repris sa marche antomatique en même temps que sa chanson :

>Si vous en avez
>Donnez-m'en de grâce
>Ma poitrine lasse
>N'en a point assez.
>J'ai tué, ma mère.
>Sous la froide terre,
>Le corps de mon père
>Va s'ensevelir.
>Ah ! quelle agonie
>Que l'ignominie,
>Et toujours Ninie
>Doit se souvenir !...
>
>Suaire aux remords !
>Oh ! ma verte absinthe,
>Il n'est dure plainte
>Que toi tu n'endors ;
>Et c'est à te boire
>Que meurt ma mémoire,
>Ta puissance noire
>Fait déraisonner.
>Aussi je t'admire,
>Alors que j'expire ;
>Mon dernier délire
>Est de te baiser !
>
>Afin d'oublier mon histoire
>Je courais
>Par les cabarets, pour y boire.
>Désormais
>Par instants s'en va ma mémoire !...

« La procession arriva dans cet ordre à la porte de la maison du père Daniel, dont le mur du jardin des bonnes Dames formait un des côtés.

« La porte était toute grande ouverte et tendue de noir.

« Le petit chérubin eut peur et quitta sa mère pour aller jouer un peu plus loin avec les gamins que son sourire avait apprivoisés.

« Ninie entra tandis que les porteurs procédaient à la levée du corps.

« Elle s'agenouilla devant le catafalque et dit encore :

« — Pardon, mon père !

« Les braves gens de Martillac ne pouvaient plus maintenir leurs sanglots.

« Des larmes perlèrent aux paupières du vieux prêtre.

« Ninie, de son pas automatique et saccadé, mena le deuil.

« Au moment de la mise en terre un cri de navrante douleur déchira sa poitrine. Et elle se serait bien certainement laissée choir sur la terre froide si un bras ne l'eût soutenue. Ses deux genoux touchèrent le sol, ses larmes coulèrent avec abondance.

« A côté d'elle, le grand vieillard, prosterné,

priait. De son cœur montait vers le ciel une ardente invocation.

« Les larmes, qui, tout à l'heure, perlaient à ses paupières serpentaient maintenant sur son visage doux et bon, entre les rides profondes creusées par les macérations et le jeûne.

« Devant ce deuil épouvantable, Ninie-l'Absinthe avait recouvrée sa raison. Abîmée dans sa mortelle douleur, elle n'avait aucune conscience de ce qui se passait autour d'elle.

« Longtemps le vieux prêtre respecta son chagrin. Enfin, du doigt lui touchant l'épaule, il prononça tout bas :

« — Ma fille, vous avez été bien coupable !...

« Comme elle avait fait devant la tombe de sa mère ; comme elle avait fait auprès du cercueil de son père, Ninie répéta en levant ses mains jointes :

« — Pardon, mon Dieu !

« — Dieu est souverainement juste, reprit le vieillard, mais ses bontés n'ont point de bornes et sa miséricorde est infinie !... Relevez-vous, ma fille, et venez avec moi. Peut-être pouvez-vous encore, si votre repentir est sincère, fléchir la colère du Seigneur et avoir droit à sa clémence.

« Sur un signe du vieux prêtre, tous les paysans avaient évacué le cimetière depuis longtemps.

« A son tour, il sortit, soutenant les pas chancelants de la jeune femme. Avec elle il franchit les portes du couvent.

« De ce jour, on n'entendit jamais plus parler de Ninie-l'Absinthe et on ne la revit plus. Les bonnes Dames avaient-elles ouvert le chemin de la réparation à cette grande infortune, à ce puissant repentir ? Je ne sais. Toujours est-il que, de ce jour-là aussi, la vieille servante du presbytère eut à sa charge un petit garçon.

« Dieu a-t-il pardonné ? Espérons-le, mais n'abusons point des généreuses tendresses de son cœur ! »

CHAPITRE XIV

LE CADEAU DU VICOMTE GEORGES

— Oh ! Dieu aura eu pitié d'elle ! s'écria Mimosa dont les larmes débordaient malgré elle.

— Hélas ! fit encore Garde-Crosse, les exemples ne profitent malheureusement pas toujours. Sans vouloir te froisser en aucune façon, ma fille, je te le répète encore : prends bien garde ! Ici comme là-bas, il y a un beau capitaine, bourreau volontaire de toutes les innocentes qui se laissent engluer aux crocs de sa moustache cirée...

— Oh mon père, interrompit Mimosa, soyez sans inquiétude, votre fille a pour elle l'expérience dont manquait la pauvre Ninie. D'ailleurs vous êtes là, vous, mon sauveur, et quoi qu'il arrive à présent, je vous confierai tout, de cette façon je ne faillirai point.

En quittant sa pupille, Garde-Crosse alla confier ses craintes au colonel d'Ornan, qui, prenant cette affaire à cœur, fit mander aussitôt le capitaine et devant le sous-lieutenant lui lava fortement les oreilles :

— Monsieur, lui dit-il, vous aurez la complaisance de ne plus poursuivre de vos assiduités déplaisantes les demoiselles de Constantine.

Il m'est revenu sur vous une assez vilaine histoire à propos d'une jeune personne que Mme la baronne d'Ornan, ma femme, a en très grande amitié. Si vous ne pouviez vous dispenser de cette coutume, cela pourrait porter à votre carrière un préjudice considérable, contre lequel je suis le premier à vous mettre en garde.

D'un autre côté, quittez, croyez-moi, vos grands airs de matamore envers messieurs les officiers, vos subalternes. J'ai peu d'estime pour les duellistes, et, dans ce métier, comme on ne sait jamais à qui l'on s'adresse, il pourrait parfois vous en cuire.

J'ai connu, dans ma jeunesse, un caporal que son lieutenant, un bel homme s'il en fût, accablait sans cesse de mauvais traitements. Fatigué, le vieux caporal, donna un beau jour sa démission et obtint ainsi le droit de se mesurer avec le peu loyal officier.

Qu'en advint-il ?

L'officier ne malmena jamais plus personne.

Sur le pré, l'épée du vieux caporal lui avait traversé la gorge.

Le capitaine prit au mieux cette légende et, craignant de s'attirer l'inimitié du colonel, il se le tint pour dit.

En rentrant au quartier, Garde-Crosse fut quelque peu surpris d'y trouver une lettre à son adresse.

Il en recevait si peu souvent qu'il eut le cœur serré d'une sorte de frayeur.

— Bah ! se dit-il, un bonheur ne vient jamais seul, j'en ai deux aujourd'hui... allons, du courage, c'en est peut-être encore un, puisqu'ils viennent par troupe.

Et il brisa le cachet de l'enveloppe, qui portait le timbre de Martillac (Gironde). C'était une lettre du vicomte Georges, son ami d'enfance.

Il lut rapidement ce qui suit :

« Mon cher ami,

« Malgré ton inconstance à mon égard, c'est-à-dire malgré ton oubli profond, puisque tu n'as jamais jugé à propos de me donner de tes nouvelles, j'en ai reçu malgré toi, et très certainement à ton insu.

« En effet, les journaux dont la qualité dominante n'est point le silence, se sont escrimés à qui mieux mieux pour chanter les louanges de notre armée d'Afrique. Or, je n'en ai pas rencontré un seul qui se soit permis de t'oublier.

« La légende du marchef Garde-Grosse a été aussi populaire que pas une. Toutes les feuilles rivalisaient entre elles pour citer les divers exploits de ce géant de l'héroïsme, « auprès duquel, » disaient-ils, « Roland le paladin, n'était qu'un vulgaire cuistre » de ce titan, qui escamotait tous les Arabes de l'Algérie avec la poignée de son sabre et qui, presque à coups de poing, faisait une hécatombe immense de tous les défenseurs du prophète.

« De prime abord, je n'allai pas deviner que ce héros et toi vous ne faisiez qu'une seule et même personne. Aussi, la fantastique légende me plaisait, tout simplement parce qu'elle se rapportait à un Français. Mais, tout dernièrement, un journal mieux informé que les autres, ou plus chanceux, a dévoilé le pot-au-rose.

« J'appris du même coup que ce marchef étonnant, Garde-Grosse enfin, n'était autre que Tédesco, mon meilleur ami ; qu'il n'était pas marchef, mais bien sous-lieutenant ; que, sur la proposition de son colonel, on le portait pour la croix d'honneur et qu'il était père !... Tu lis bien : qu'il était père !!! »

Suivaient deux colonnes d'écrit, racontant le combat de Biskra et les aventures de l'orpheline Afrique Mimosa, dont le sobriquet : *la Providence du camp*, est à l'ordre du jour et a détrôné pour un instant le sien.

« Pour moi, libre, et pouvant, avec la grande fortune que j'ai, réaliser beaucoup de bien, à l'âge de trentre-quatre ans, je vais mourir !... Mon père était un vieillard, ma mère était anémique, moi je suis phtisique, et j'en meurs !... Mais, avant de m'en aller, je veux laisser de bons souvenirs et surtout obliger un brave cœur comme le tien. Je n'ai d'autres héritiers que des parents éloignés et que, pour la plupart même, je ne connais pas. Je puis donc, en toute conscience, disposer en ta faveur d'une partie de ma fortune.

« C'est pourquoi, en souvenir de tes bons parents de Juana et de notre ancienne amitié, je te lègue en toute propriété la ferme où tu es né, avec toutes les terres qui enforment les dépendances, c'est-à-dire environ quatre-vingts hectares de vignes, champs et prairies.

« Dès aujourd'hui, ce domaine est à toi et le fermier, qui a encore douze ans de bail à courir, te fera parvenir la rente, qui est de 8,000 francs, soit 2,000 francs par trimestre.

« Ci-joint l'acte.

« Quand tu reviendras au pays, mon cher ami, c'est bien probable, je n'y serai plus. Adieu donc et souviens-toi parfois de ton ami,

« Georges Sabiello. »

Peu de temps après, en effet, Georges mourut en son château.

A la lecture de cette lettre, le brave sous-lieutenant fut pris d'une violente émotion. Cette lettre lui remettait en mémoire son enfance, son pays, sa mère, sa sœur, tant d'êtres aimés.

La fortune lui venait en même temps qu'un grand chagrin ; son meilleur ami d'enfance lui léguait un souvenir au moment de mourir.

Car pour Garde-Grosse, pauvre soldat de fortune, c'était la richesse qu'on lui donnait.

Seuls, le colonel baron d'Ornan et la mère Tapedure eurent connaissance de ce nouveau coup du hasard.

Garde-Grosse voulait, en effet, laisser à sa fille le mérite de l'aimer sans arrière-pensée, se réservant de l'instruire, alors que, suffisamment formée à l'école du travail, cette annonce n'offrirait plus le danger de la détourner de sa voie.

CHAPITRE XV

DEUX RECRUES

— J'espère que nous allons être contents, mon ami, dit un soir le baron d'Ornan à Garde-Grosse il est question de nous faire entrer en campagne.

En effet, des bruits de guerre commençaient à circuler.

Cette vieille et toujours nouvelle question d'Orient qui, comme le phénix, a le privilège de renaître de ses cendres, allait encore donner le signal du carnage.

Nous n'avons aucunement l'intention de rechercher les motifs qui poussèrent la France et l'Angleterre à faire cette glorieuse, mais bien inutile campagne qui se termina par la prise de Sébastopol.

Notre récit marche, nos héros aussi, nous nous contenterons de les suivre sur le théâtre de leurs nouveaux exploits, sans pour cela parler politique.

— On le dit, mon colonel, répondit Garde-Crosse, et j'en suis bien content, c'est vrai. Il va sans doute me falloir abandonner ma fille chérie, ma petite Afrique, mais je la sais en bonnes mains et mes affaires ont toujours été en règle. Et puis, le repos, je dois l'avouer, me fatigue et m'énerve. Les Bédouins ont été si souvent frottés par nous, qu'ils n'osent plus lever la patte. C'est à peine si l'on trouve encore l'occasion de faire le coup de feu par-ci par-là.

Les Arabes deviennent monotones.

Salut donc à la bonne nouvelle qui va nous permettre de renouveler nos prouesses !

— Ah ! la guerre que nous allons faire sera rude. Il ne s'agira plus alors de poursuivre quelques bandes indisciplinées, voltigeant dans la plaine et fuyant devant une charge. Nous allons nous trouver en face d'une armée régulière et formidable, et il va nous falloir mettre à la raison la plus grande puissance de l'Europe, sur son propre territoire, ce qui double sa force.

Nous en viendrons à bout, cela ne fait pas l'ombre d'un doute, mais ce ne sera pas sans de grands efforts.

J'aime peu les Anglais, il me déplaît d'avoir à combattre sur la même ligne que ces messieurs, et si l'on répand beaucoup de sang de notre bord, croyez-le bien, ils seront les moins écloppés et auront peut-être l'audace de s'en prévaloir pour railler notre indiscipline ou pour nous montrer les suivant sur le chemin de la gloire, tandis qu'en réalité, nous les y aurons précédés.

— Mais pourquoi convions-nous messieurs les Anglais à cette partie d'agrément ?

— Eh ! le sait-on ? répartit le baron d'Ornan.

— Alors, il faut y aller de gaieté de cœur, sans se soucier de nos alliés. Le lot du soldat est de mourir en combattant, n'est-ce pas vrai ? Nous nous battrons donc, mon colonel, et cette fois contre des ennemis dignes de nous.

J'aime cela, moi !

Pour chasser un moricaud qui rampe comme un serpent sous les broussailles, belle affaire !

La vraie bataille, au milieu des chevaux qui hennissent et se cabrent, des bataillons qui se heurtent, des luttes corps à corps contre des hommes qui ne reculent point ; jouer ainsi sa vie à armes égales, ayant pour trompette la fusillade et, pour fanfare, le fracas du canon, voilà ce qui me tente !

— Ah ! le canon !

D'ailleurs, l'amour-propre national est en jeu.

Messieurs les Anglais n'ont rien à venger, eux, et nous avons Moscou, nous !

— Mais, mon brave, exclama le colonel, les Russes étaient chez eux, ils n'ont fait que se défendre.

— Vous avez peut-être raison, mon colonel, répliqua Garde-Grosse, néanmoins, l'heure qui va sonner est pour moi la réponse à la dette de Moscou.

La porte du cabinet s'ouvrit, et Mme d'Ornan, suivie de Mimosa, parut sur le seuil.

— Je vous amène deux nouvelles recrues, dit-elle en entrant

— Des recrues ?... fit le colonel, cherchant à comprendre.

— Oui ! N'allez-vous point faire campagne ?

— Il en est question.

— Eh bien ! nous partons, Mimosa et moi, avec vous.

— Par exemple !

— Mais certainement.

— Et en quelle qualité nous suivrez-vous, s'il vous plaît ?

— Ignorez-vous donc, colonel, s'écria Mme la baronne d'Ornan, qu'il vient de se former à Londres une association de dames nobles, qui, sous la direction de mistress Nightingale, doit se rendre en Crimée, sur le théâtre de la guerre, pour y prêter secours au blessé. Je me suis mis en communication avec la directrice et elle a accueilli très chaleureusement ma demande...

— Mais, ma chère femme, il y a des dangers !

— Belle affaire ! Ma parole, vous autres hommes, vous êtes remplis de suffisance. S'il y a du danger, ne suis-je pas la femme d'un soldat, et n'ai-je pas promis de suivre mon mari toujours et partout où il jugerait bon d'aller ?

— Allons, fit le colonel résigné, puisque tu le veux absolument, sois une héroïne, ma femme. Tu viendras avec nous, à la condition de ne pas trop t'exposer...

— Prenez garde ! vous allez pécher par fatuité, s'écria en riant Mme d'Ornan. Ne relevez pas trop votre mérite. Si je vous faisais une semblable recommandation, vous auriez le droit de me tourner le dos. Eh bien, colonel, je ferai mon devoir et voilà tout.

— Tu ne nous parles pas de cette enfant ? interrogea le baron.

— C'est une autre affaire. Mimosa ne peut malheureusement pas entrer dans notre association où l'on ne reçoit que des femmes nobles.

Mais comme elle a toujours vécu non loin de son père et qu'il lui serait pénible de le voir s'éloigner d'elle aujourd'hui, elle acceptera de votre main, avec reconnaissance, une permission de vivandière dans votre régiment, colonel.

— Bravo ! ma Mimosa, s'écria Garde-Crosse rayonnant. Ah ! il me peinait de te quitter, ma fille ; mais je n'aurais jamais osé te demander une pareille chose. Tu ás du sang de soldat dans les veines, tu t'en souviens, bravo ! D'ailleurs, tu te retrouveras à la même fête qu'à l'époque où nous nous connûmes. Tu es brave. Je suis fier de toi !

Il était écarlate de contentement, ce brave Garde-Crosse.

— Mon père, répondit la jeune fille, comme vous venez de le dire, ce qui m'attend là-bas ne saurait m'effrayer. N'est-ce pas, en effet sur un champ de bataille que vous m'avez recueillie ? N'est-ce pas au milieu d'un combat, parmi des cadavres et des mourants que vous m'avez sauvée ? La fusillade et les cris de guerre n'ont-ils pas été pour ainsi dire, les premiers bruits qui ont frappé mon oreille ? Je me trouverai donc là en pays de connaissance... Et qui nous assure que cet instinct, cette divination, ce flair, dont vous m'avez parlé ne se révélera pas dans les mêmes circonstances ?...

Le colonel se souvenait bien de la bataille de Biskra où il avait ramassé les galons de lieutenant-colonel et où il eut perdu la vie, ainsi que ses hommes, sans cet instinct dont on parlait. Aussi, dit-il en homme fermement convaincu :

— C'est vrai, vous êtes la Providence du Camp !

Et Garde-Crosse ajouta, plein de respect :

— Tu es l'oie du Capitole ! C'est vrai !

A cette dernière insinuation, Mme la baronne ne put s'empêcher de rire.

Garde-Crosse, scandalisé, la regarda de travers.

Le colonel crut devoir demander la grâce de sa femme et, devant son explication loyale, Garde-Crosse ne garda aucune rancune, mais, depuis ce jour, il prit en pitié Mme la baronne d'Ornan.

La pauvre femme ignorait l'histoire des oies du Capitole.

Elle n'était pas au fait.

Garde-Crosse en avait presque compassion.

CHAPITRE XVI

EN CRIMÉE

L'armée d'Afrique, sur un ordre étrange, avait dû faire la double traversée d'Alger à Toulon et de Toulon en Crimée.

Deux navires appareillaient à Toulon : la *Sémillante* et l'*Algésiras*. Le second devant partir deux jours après l'autre.

M. le baron d'Ornan devait s'embarquer sur la *Sémillante*, mais, sur le conseil de sa femme qui prétexta un malaise, il permuta avec un colonel d'infanterie et passa avec tout son monde sur l'autre navire.

En appareillant, le surlendemain, on apprit avec effroi la terrible catastrophe de la *Sémillante* qui s'était perdue corps et biens sur la côte de Corse.

Seize cents cadavres couvraient la grève et, parmi eux, l'aumônier en étole et en surplis, le commandant et les officiers en grande tenue.

Ces gens s'étaient vus mourir et, se voyant aller en perdition, ils avaient récité sur eux-mêmes la prière des agonisants.

Mᵐᵉ d'Ornan avoua plus tard à son mari, que c'était grâce à Mimosa s'ils avaient changé de navire.

Nous sommes en Crimée et il n'est plus question de la *Sémillante* dont le naufrage épouvantable avait été le premier et terrible jalon de cette brillante campagne.

Déjà plusieurs combats avaient été livrés, d'autres se préparaient. Garde-Crosse s'était fait porter à l'ordre du jour plusieurs fois et le colonel s'était particulièrement signalé dans différentes actions.

Mᵐᵉ d'Ornan, installée à l'ambulance française, recevait les nouvelles de tous les engagements qui avaient lieu avec les Russes.

Mimosa, elle, vivait sous la tente de son père et ne s'effrayait de rien; le tonnerre de l'artillerie même n'avait pas le don de lui faire peur. Mais la peste étant venue ajouter ses ravages au feu meurtrier, Mimosa se multipliait.

Abandonnant sa cantine, elle portait secours aux contaminés, ne se départissant jamais de son calme, comme si le danger de la contagion ne pouvait l'atteindre.

Les plus vieux soldats l'admiraient, et son nom : *la Providence du camp*, courait de bouche en bouche.

Depuis quelque temps, cependant, le canon restait en repos, l'épidémie faisait trêve et les ambulances françaises se vidaient, mais non point celles des Anglais qui demeuraient toujours combles parce qu'on y mangeait bien ; or les sujets de la reine ne deviennent intrépides que lorsqu'ils ont bien bu et bien mangé, leur cœur dépendant de leur estomac. Aussi, leurs administrations font-elles des miracles, car ils demandent en outre à être très bien vêtus, bien chaussés et bien couchés.

En campagne, ils trouvent moyen de s'empiffrer à raison de deux livres de bœuf saignant, par homme et par jour, sans parler du reste.

C'est un grand peuple !

D'ailleurs, nous ne connaissons guère que nos soldats pour se bien battre tout de même quand ils n'ont rien dans le ventre et lorsque, pieds nus dans la boue, ils s'en vont à l'ennemi couverts de haillons.

Et pour preuve : Frédéric III, empereur d'Allemagne, dit dans ses « documents secrets » sur la guerre de 1870, — c'est lui qui parle :

« 4 août. Wissembourg. — ... nous avions deux divisions et l'ennemi n'en avait qu'une... sur le penchant sud on s'est emparé de deux camps de tente, avec des provisions et *un dîner tout prêt, mais auquel on n'avait pas touché. L'ennemi avait donc défendu son terrain pied à pied,* PENDANT 10 HEURES, AVEC L'ESTOMAC A VIDE... »

Est-ce assez concluant ? Après cela, peut-être l'empereur des Allemands sera-t-il taxé de partialité en notre faveur ?

Les Français avaient leur camp entre Balaclava et Malakoff, et leur arrière-garde était presque en ligne avec les avant-postes des Anglais.

Un jour pourtant, le canon se reprit à gronder et au nombre des blessés qu'on apporta à la baronne d'Ornan, se trouvait l'Embouchoir, déjà amputé d'un bras, mais toujours trompette aux chasseurs d'Afrique. Le pauvre homme était sérieusement touché. Mme d'Ornan lui prodigua ses soins,

— Ah ! disait le trompette en voyant la sollicitude de la baronne, qui croirait cela, ma colonelle qui se dévoue pour moi.

— Comment avez-vous été blessé ? demanda celle-ci, inquiète pour son mari.

— Le malheur, répondit l'Embouchoir, c'est que ça fait diablement souffrir, sans quoi on pourrait en rire.

CHAPITRE XVII

L'EMBOUCHOIR

— Il faut vous dire, commença le blessé, qu'il y avait représentation de gala au théâtre d'Inkermann.

« Naturellement la salle se trouvait comble de troupiers français.

« On venait se distraire un peu, puisque les Russes nous laissaient oisifs. Seulement, comme il ne s'agit point de badiner avec la consigne devant l'ennemi, tout le monde avait ses armes et c'était vraiment curieux de voir cette salle de spectacle hérissée de baïonnettes, de sabres et de mousquets.

« Comme de juste, j'avais ma musique. A côté de moi, se tenait sur le même rang de fauteuils, la petite cantinière Mimosa, vous savez bien, la fille à Garde-Crosse.

« Ma foi, tout le monde était à la joie, et l'on s'amusait ferme.

« Quand tout à coup, je sens une main saisir ma musique, l'orchestre du théâtre est obligé de se taire, effarouché par les notes stridentes et belliqueuses de ma trompette de cavalerie qui sonnait le boute-selle.

« Dans la salle, ce fut immédiatement un remue-ménage des quatre cents diables. Tous les chasseurs d'Afrique avaient parfaitement reconnu le son de mon instrument ; mais en se dirigeant vers les issues, ces mots passaient de bouche en bouche :

« — Avez-vous reconnu le trompette ? demanda un chasseur.

« — Oui ! l'Embouchoir est bien là, mais ce n'est pas lui qui a sonné, fit un autre.

« — Ah ! et qui donc ?

« — C'est la petite femme, sa voisine, répondit un zouave.

« — Mimosa ! s'écria le premier chasseur, vous en êtes sûr ? Ah ! diable !

« — Si c'est la Providence du camp, dit l'autre, ça va chauffer.

« Le zouave se contenta d'ajouter non sans admiration :

« — Un fameux coup de langue, la petite !

« — Il faut vous dire, madame la baronne,

que j'ai un peu servi de bonne d'enfant à Mimosa. Lorsque le lieutenant était de service, en Afrique, j'allais, pour lui, rendre visite à notre petite fille, et comme j'avais peu d'histoires à conter, elle se distrayait avec moi en cherchant à souffler dans ma trompette.

« Sous ce rapport, je crois être un assez bon professeur, ayant continué à sonner bien des fois, là où d'autres se seraient vus forcés de rendre l'âme.

« La petite avait du poumon ; il ne lui manquait que des principes. Mais aujourd'hui, malgré ma supériorité incontestable sur tous les autres trompettes des chasseurs d'Afrique, l'embouchoir sur les lèvres, je dois avouer qu'elle me rendrait des points.

« Elle a appris la trompette en art d'agrément, comme les autres jeunes filles tapotent le piano, sans en faire un gagne-pain.

« Petit à petit, je dus baisser pavillon devant mon élève, elle devenait véritablement virtuose et me stupéfiait, moi l'Embouchoir ! moi, le trompette dont la réputation vivra cent ans en Alger !

« Toutes nos leçons se donnaient bien entendu, dans le plus profond secret, loin de la ville. Nul ne nous a jamais soupçonnés. Garde-Grosse lui-même, Garde-Grosse son père, auquel elle ne cache rien pourtant, ignore encore, à l'heure qu'il est, le talent de sa fille.

« Un jour, comme nous nous étions éloignés de la ville plus que de coutume, Mimosa et moi, elle me pria de la laisser s'engager seule sous un petit bois de tamariniers. Elle disparut bientôt à mes yeux et je m'assis un peu soucieux à la lisière du bois, songeant que mon retard, à rentrer au quartier, m'attirerait certainement des ennuis ; surtout parce que l'on parlait d'un soulèvement probable des Bédouins, chez lesquels régnait une certaine effervescence.

« Tout à coup, je bondis sur mes pieds frémissant de terreur.

« A deux cent cinquante mètres en arrière de moi, sonnait les trompettes du 1er chasseurs d'Afrique cantonné à Oran. Il n'y avait pas à s'y tromper, je connais tous les sonneurs de nos cavaliers d'Algérie et leur différente façon d'interpréter les gammes.

« Le soulèvement avait eu lieu sans doute, puisqu'un renfort, prévenu à l'avance, arrivait. Mon cas était grave, je me mis à courir sous bois appelant Mimosa de toutes mes forces.

« Mais je m'arrêtai soudain découragé, mon absence du quartier, à cette heure, prenait des proportions effrayantes : sur la lisière du bois, à cinquante mètres de moi au plus, à l'endroit même que je venais de quitter, les trompettes des chasseurs casernés à Alger, 5º et 7º escadrons sonnèrent à toute volée.

« Puis arrivèrent successivement les autres escadrons qui sillonnent les trois provinces en tous sens.

« J'étais comme mort quand, à mon oreille même, ma propre trompette sonna l'appel à la soupe et Mimosa enchantée revint à moi en riant comme une folle.

« Il y avait de quoi, jugez-en : c'était à l'aide de mon vieil instrument qu'elle m'avait ainsi trompé. Les différentes sonneries sortaient de ma trompette et elle-même les avait exécutées.

« Mais, s'interrompit ici l'Embouchoir, pardonnez-moi cette anecdote, vous m'aviez demandé, madame la baronne, le récit de ma blessure ; j'y arrive. Il vous fallait bien savoir par quel hasard Mimosa sonnait ainsi de la trompette.

« Bien entendu, les acteurs du théâtre d'Inkermann étaient tous soldats français, comme les spectateurs.

« En un instant, la scène et la salle furent vides.

« Au dehors, les tambours de zouaves battaient la charge et les clairons des petits chasseurs de Vincennes sonnaient le pas gymnastique.

« Enfin la mêlée fut assez rude.

« Le théâtre d'Inkermann fera certainement relâche, car la jeune première, un charmant caporal de la ligne, est blessé.

« Pour moi, un temps de galop avec les camarades, et je fus bientôt derrière le colonel, poursuivant les Russes qui avaient cru nous surprendre.

« Je sonnais, je sonnais comme un dératé, jaloux que j'étais du succès de mon élève.

« Nous allions un galop d'enfer, mais franchement nous aurions pu mettre les mains dans nos poches, car, devant, le colonel et Garde-Crosse abattaient tout l'ouvrage, ne laissant rien faire à ceux qui les suivaient.

« Cependant, les Moscovites, ayant peu d'aptitudes pour l'arme blanche, se servent de leur cavalerie uniquement pour rabattre le gibier sous le feu de leurs batteries.

« Bientôt, la fusillade commença à crépiter.

« Ce n'était rien.

« Les vieux grondeurs de bronze se mirent de la partie.

« L'orchestre était au complet. Les balles tombaient comme grêle, les obus fauchaient des lignes entières ; et, de-ci de-là, une bombe éclatait, écartelant une dizaine de cavaliers.

« On cria à côté de moi : « Attention ! Gare à la bombe ! En voilà une ! »

« Mais va te faire lanlaire ! Trop tard à la riposte !...

« Patatra !... La diable de bombe avait éclaté ! Trop tard à la parade, le trompette l'Embouchoir !

« Ah !... madame, j'avais mon compte c'est sûr, et me voilà par terre !

« Ce n'est pas gai, d'être frappé l'un des premiers.

« L'escadron me passa dessus, puis un autre, un autre encore. Enfin, je ne sais combien ; puis, ce fut au tour des chasseurs à pied, des zouaves, de l'infanterie de ligne.

« Ah ! les bougres ! j'en suis moulu.

« Encore deux régiments à pied et je rendais l'âme. Car les hommes sont moins adroits que les bêtes, ils vous foulent aux pieds ; les chevaux, au contraire, plus humains que leurs maîtres, passent à côté de vous en franchissant votre corps.

« Toute la cavalerie de France n'endommagerait pas un blessé. Voilà mon opinion. »

— Mais mon mari ? fit la baronne d'Ornan, vous ne me parlez pas de mon mari ?

— Le colonel, répliqua le blessé, s'il a couru du même train, madame, il doit être diablement loin. Les prunes ne ménagent personne pas plus que les biscaïens, mais d'ailleurs il en a bien vu d'autres. En tous cas, ne craignez pas, Garde-Crosse est avec lui et il se fera hacher vingt fois avant que l'on touche au colonel...

— Et Mimosa ?

— Voilà le hic ! Celle-là est une terrible enfant. Je n'ai plus ma trompette, et si c'est elle qui me l'a prise, elle saura s'en servir. Malheur aux Russes !

CHAPITRE XVIII

LES BLESSÉS

C'était au lendemain matin de ce combat terrible qui s'était livré dans la nuit et qui devait figurer aux pages de l'histoire sous le nom de bataille de Balaclava. Les hostilités s'étant ralenties de part et d'autres depuis quelques jours, les Russes avaient profité de cette accalmie pour essayer de surprendre, de nuit, le camp des alliés.

Nul n'a jamais bien rapporté comment, de surpris qu'ils devaient être, les Anglais et les Français, ayant pris l'offensive, firent cette nuit-là une véritable boucherie ?

En cette occasion, les seules relations *sérieuses* vinrent de Londres où les journaux imprimèrent que :

« *Cette nuit-là sans la vigilance des Anglais, c'en était fait de l'armée française !* »

L'histoire aurait pu se faire autrement et d'une façon plus juste, mais la joyeuse Angleterre apporte systématiquement de petites variantes.

C'est sa manière de rire à elle.

Voilà le vrai :

Les marins se flattent de savoir sentir le grain encore éloigné. La lourdeur de l'air, le repos absolu des éléments, le calme habituel enfin, leur font prévoir le coup de « tabac ». Et le *calme précédant la tempête* est presque devenu une manière de proverbe.

Sur terre, devant l'ennemi, les soldats ont aussi la perception de l'orage qui va naître. La fusillade s'est calmée, le canon ne ronfle plus que paresseusement et comme à regret. Enfin, lorsqu'au dire des vieux soldats, on *entend le silence*, c'est présage de bataille ; ils flairent la « grêle des prunes ».

L'ambulance commençait à s'emplir ; les brancardiers amenaient sans cesse de nouveaux blessés.

M@{me}@ la baronne d'Ornan, le cœur serré par des transes mortelles, allaient à chaque nouvel arrivant et s'enquérait si on avait vu son mari.

Les uns trop malades pour répondre hochaient la tête avec fatigue Les autres moins abîmés disaient simplement :

— C'est un brave, il se bat comme un démon !

Un zouave, dont le bras droit avait été emporté par un boulet, affirma l'avoir vu disparaître, lui et un sous-lieutenant, dans un carré russe. « S'ils en ressortent vivants, ils auront de la chance ! » dit-il comme conclusion.

Mᵐᵉ la baronne pensa tomber à cette révélation, mais elle eut la force de continuer ses soins aux malades.

C'était une vaillante femme.

Vers midi, un nouveau convoi de blessés arriva et, parmi eux, se trouvait le colonel d'Ornan.

— Tiens, se dit l'Embouchoir, Garde-Crosse serait-il donc mort ?

Le baron d'Ornan avait perdu connaissance, son poumon droit était traversé par le passage d'une balle.

Garde-Crosse arriva par le dernier convoi que conduisait Mimosa.

La jeune cantinière n'avait pas une seule blessure ; quant au corps du sous-lieutenant, il était percé comme un crible.

Quelques-unes de ces blessures eussent suffi à tuer un homme ordinaire, mais lui avait la vie dure, il trouvait encore le moyen de plaisanter sur son état.

— Le colonel est-il bien mal ? demanda-t-il quand les porteurs de sa civière eurent franchi le seuil de la salle.

— Mon père, répondit Mimosa, les larmes aux yeux, quoique grave, la blessure du colonel ne met pas ses jours en danger ; mais vous, mon Dieu ! vous !...

— Moi, répliqua Garde-Crosse en souriant, par ma foi, fillette, si j'en réchappe, je te devrai une fière chandelle. Mais si je mourais par hasard, eh bien, le colonel prendrait soin de toi. Il te le doit, crachat de canon ! et c'est au mieux.

Ayant ainsi parlé, Garde-Crosse tomba sur sa couche, sans connaissance.

Mimosa s'installa à son chevet pour ne plus le quitter.

Bientôt, le sous-lieutenant fut pris d'une fièvre cérébrale,

Dans ses accès de délire, il se croyait en face de l'ennemi ; poussant des rugissements de vieux lion, le visage effrayant à voir, il se dressait sur son lit les yeux hors de la tête, les poings crispés, et sa voix faisait bondir tous les malades lorsqu'il criait :

— En avant ! les enfants et vive la France ! crachat de canon !

Quatre hommes robustes perdaient leurs peines à vouloir le maintenir. Seul, l'Embouchoir, convalescent, avait quelque influence sur lui.

— Voilà ! voilà, marchef, lui disait-il.

Mais Garde-Crosse, se croyant encore en Algérie au combat de Biskra, commençait à se calmer et murmurait en serrant, à le briser, l'unique bras du trompette :

— Ah ! ce sont les assassins des parents de ma fille ! mille Bédouins ! l'Embouchoir, sonne ! sonne donc, endormi ! allons, fais entendre ta jolie voix de cuivre à ces canailles !

Placé, non loin de là, le colonel d'Ornan entendait tous les cris poussés par son compagnon d'armes.

Il voyait Afrique Mimosa pleurer silencieusement près du lit de son père, cela lui fendait le cœur. L'aumônier aimait beaucoup Tedesco et ne passait pas deux heures sans s'enquérir de son état.

CHAPITRE XIX

LE TROMPETTE FANTOME

Peu de jours après, le colonel baron d'Ornan, se trouvant mieux, dit à sa femme qui ne le quittait pas une minute :

— Ma chère femme, il nous faut toujours garder la plus profonde reconnaissance au brave Garde-Crosse et à sa fille adoptive, Afrique Mimosa. A cette dernière d'abord, dont l'instinct surprenant qui l'a fait surnommer la Providence du camp, s'est révélé encore une fois et nous a donné la victoire en évitant un effroyable malheur, la surprise du camp.

« A tous deux ensuite, sans le courage et le dévouement desquels je ne serais pas vivant aujourd'hui.

« Suivis de l'escadron de nos chasseurs, derrière lequel marchait toute l'armée, nous allions comme le vent, Garde-Crosse et moi, à la poursuite des Russes.

« La mitraille, la fusillade et les boulets passaient au-dessus de nos têtes fauchant les rangs de nos braves soldats, sans nous atteindre. Nous semblions l'un et l'autre invulnérables.

« A un moment la trompette de l'Embouchoir se tut.

« Le pauvre garçon avait dû être touché, jusque-là il n'avait cessé de se faire entendre.

« La nuit était noire comme de l'encre. Nous étions dans un four.

« Les troupes de pied n'avaient pu soutenir notre allure, nous étions beaucoup en avant de la ligne d'attaque, on se battait de tous côtés.

« Dans l'obscurité un régiment d'Higlhanders passa au pas de course.

« Une grande salve d'artillerie éclata dans l'air et ceux qui passaient dirent :

« — C'est au camp français ; les malheureux, paraît-il, ont tous été égorgés sous leurs tentes. En avant !

« Il y eut une grande clarté vers l'est ; c'était le canon.

« — Tiens, c'est chez nous, fit-on, paraît qu'il ne reste plus de Français.

« Au sud, un long et retentissant écho, c'était encore la voix du canon.

« — Ah ! Ah ! fut-il dit, cette fois c'est la flotte russe !

« La bataille nous enveloppait ; nous allions toujours vers les retranchements ennemis dans l'obscurité.

« Je dis : nous allions toujours ; c'est ce que je croyais en effet ; mais mes pauvres chasseurs moins bien montés que moi étaient en retard. Peut-être ne devais-je jamais les revoir, car dans cette nuit, une foi perdu, il était bien difficile de se retrouver.

« En avançant à l'aveugle, j'entrais sans le vouloir dans un carré d'infanterie russe. Je me défendis de mon mieux en appelant : « France ! France ! »

« Ils auraient pu me tuer cent fois, mais à la lueur d'un coup de feu on avait aperçu mes galons et l'ordre était donné de me faire prisonnier.

« Le carré fut soudain enfoncé par un paquet de démons à cheval et les Russes commencèrent à tomber autour de moi comme les épis qu'on fauche.

« Je remerciais déjà Dieu d'avoir permis à mon

escadron de suivre mes traces. Quand une voix joyeuse dit à mon oreille :

« — Voilà ! voilà, colonel, nous allons les écrabouiller comme un tas de punaises. C'est la revanche de Moscou.

« Le paquet de démons se composait donc d'un seul homme. Mais Garde-Crosse travaillait mieux que si nous eussions été vingt et sa latte était toujours brillante, il n'avait encore usé que de la poignée, pour accomplir son vœu mystérieux.

« Je ne restais pas sans occupation bien entendu.

« Les Russes avaient eu le temps de revenir de leur stupeur. Ils étaient cent cinquante contre un. Ils cherchaient évidemment à tuer Garde-Crosse, croyant avoir facilement raison de moi ensuite.

« Notre défense acharnée durait depuis dix minutes et je n'avais pas encore une égratignure.

« La lame de Garde-Crosse restait vierge de toute souillure, quoiqu'il marchât sur un tas de cadavres, mais il perdait son sang par de nombreuses blesssures et commençait à faiblir.

« Tout à coup je chancelai ; une balle venait de me traverser le poumon.

16.

« — C'est plus commode, murmura Garde-Crosse.

« Il mit un genou en terre pour me couvrir de son corps. Le pauvre garçon avait peine à se soutenir.

« Pour la première fois depuis que je le connais, la lame de son sabre eut du sang. Mais le cercle des assaillants se rétrécit autour de nous.

« C'en était fait, nous allions succomber vaincus par le nombre, quand la trompette bien connue de nos chasseurs d'Afrique sonna à côté de nous.

« — Lieutenant, dis-je, je croyais l'Embouchoir dans un plus triste état.

« — Ce n'est pas lui, me répondit-il avec terreur, c'est peut-être son ombre.

« En même temps que la sonnerie on entendit un galop et quelques coups de feu. Puis une voix que je ne connaissais pas cria :

« — Allons, les enfants, balayez-moi toute cette canaille ! Pas de quartier !

« La trompette sonna, la voix commanda :

« — En avant !

« Croyant toute l'armée française à leurs trousses les Russes lâchèrent pied. »

Après un moment de silence, le colonel demanda :

— Et savez-vous, madame, quel est l'escadron auquel vous devez de me revoir ?

— Non, fit la baronne.

— Eh bien, madame, reprit M. d'Ornan, Garde-Crosse est un soldat comme on n'en voit plus. Il représente à lui seul, je l'ai dit, tout un paquet de démons ; mais sa fille ! Mimosa ! la Providence du camp ! Ah ! celle-là vaut une armée !

« La petite Mimosa était seule, madame, c'est elle qui a embouché la trompette, tiré les coups de feu et commandé : « Pas de quartier ! » Est-ce assez hardi !

Mme la baronne d'Ornan ne pouvait en croire ses oreilles.

— Pendant notre combat sans merci, termina le colonel, nous avions entendu passer autour de nous dans la nuit, le clairon des chasseurs de France, celui des Irlandais, le tambour des Ecossais et celui des zouaves. Ni les uns, ni les autres n'avaient entendu nos cris. Ils étaient pourtant en nombre. Nous étions perdus. Une enfant, une jeune fille a mis en fuite trois cents Russes !

CHAPITRE XX

TESTAMENT

Quinze jours s'étaient passés. Le colonel baron d'Ornan, très faible encore, commençait pourtant à faire quelques pas appuyé au bras de sa femme.

Comme on le pense bien, Mimosa n'avait pas quitté un instant le chevet de son père adoptif. Sa voix avait le don de le calmer.

Au milieu de ses plus terribles accès, cette voix parlait au cœur du blessé et il se soumettait comme un enfant.

Le trompette l'Embouchoir venait souvent lui tenir compagnie.

Un soir, à la suite d'un accès plus violent que de coutume, Garde-Crosse s'endormit d'un sommeil assez calme. Pendant plusieurs heures, il reposa paisiblement. Lorsqu'il se réveilla, la fièvre l'avait abandonné. Mais avec sa lucidité d'esprit revenait aussi le sentiment des souf frances que lui causaient ses nombreuses blessures.

— Mimosa, dit-il doucement.

La jeune fille, à cet appel, s'empressa de se pencher sur le lit du blessé et celui-ci, la serrant dans ses bras l'embrassa longuement.

— Ma fille, fit-il alors d'une voix douloureuse mais résignée, tu as été pour moi le bonheur sur cette terre, aussi je ne voudrais pas te faire de la peine ; cependant, il est inutile de nous le dissimuler, ma feuille de route est signée pour l'autre monde. Tu es bien jeune et mon unique regret est de t'abandonner sitôt...

Il parlait distinctement, mais d'une voix faible et avec difficulté.

— Taisez-vous ! taisez-vous, bon père, s'écria Mimosa dont un long sanglot souleva la poitrine.

— Ne m'interromps pas, ma fille, reprit le blessé ; mes instants sont comptés, maintenant, et tu dois, comme moi, te soumettre à la volonté de Dieu.

J'ai eu la fièvre, je le sens, et j'ai dû divaguer ; or, au cas où la fièvre me reprendrait encore, je veux du moins mettre ordre à mes affaires avant de partir...

Prends ce papier, mon enfant, là dans la poche

de ma tunique, c'est mon testament fait en bonne forme, car il a été écrit à Constantine, chez le notaire du colonel, et en sa compagnie. Tout ce qui est à moi, je te le donne, ma fille... Et il ne faut pas t'étonner si un soldat de fortune comme moi s'est servi d'un notaire pour faire son testament.

Ma petite Mimosa, tu ne sais pas tout; en s'en allant, le pauvre soldat aura le bonheur de laisser l'aisance à sa fille...

Te souviens-tu de mon ami, le vicomte Georges, le fils de ce comte jureur : Têtebleu ! pour lequel je pris du service ? Eh bien, il doit être mort, le pauvre garçon, et il m'a donné, par acte authentique, la ferme où je suis né avec toutes ses dépendances. C'est un bel avoir, bien situé, rapportant, bon an mal an, dans les huit mille francs de rente ; il peut s'améliorer encore.

Après ma mort, mon enfant, si tu reste fille, tu trouveras avec ce petit domaine une pension indépendante et sûre, qui te permettra de vivre honnêtement et même de faire du bien autour de toi...

Si, au contraire, tu te maries, cet avoir que je te lègue fournira ta dot. Sois prudente, surtout, et prend l'avis des gens sages avant de fixer ton choix, Mme d'Ornan t'aime bien, ne l'oublie jamais.

Afrique Mimosa fondait en larmes.

— Mon père ! mon pauvre père ! gémit-elle en couvrant le blessé de baisers, vous vous abusez sur la gravité de votre état. Le colonel et sa femme ont toujours été très bons pour moi, aussi je les aime et je les respecte. Cependant vous ne mourrez pas, vos souffrances vous abusent sur les suites de votre situation.

Le bien que vous m'invitez à faire, nous le ferons ensemble.

Faut-il vous prouver la reconnaissance dont je suis pénétrée pour les bienfaits dont vous avez comblé mon enfance, pour la sollicitude paternelle dont vous avez entouré ma jeunesse et mon adolescence ?

Écoutez ! Vous ai-je jamais menti ? Non, n'est-ce pas ? Eh bien, vous ne mourrez pas, vous vivrez, je vous l'affirme !

— Enfant, fit tendrement le blessé, crois-tu donc que je regretterais la vie pour la vie même ? Oh ! non, mon sacrifice est fait et bien fait ; mais j'aurais voulu ne t'abandonner que plus tard... Les volontés de Dieu sont insondables...

— Mais puisque vous ne m'abandonnerez pas, affirma la jeune fille.

— Je le voudrais, et pourtant je sens la mort venir.

Mimosa frappa, ma foi, du pied :

— Entêté ! murmura-t-elle, tandis qu'un sourire perçait au travers de ses larmes ; vous guérirez, mon père, Dieu vous doit bien cela.

— Dieu ne doit rien à personne, prononça gravement le sous-lieutenant. Jamais peut-être je n'ai si ardemment désiré de vivre qu'en ce moment. Mais c'est pour toi, ma fille ; pour toi dont tous les protecteurs s'en vont à la fois. Car, malgré toute ma bonne volonté, je n'ai pu soustraire le brave colonel d'Ornan à la mort...

Mon Dieu ! mon Dieu ! acheva-t-il en un soupir, j'ai juré « crachat de canon ». Vous châtiez le pécheur, merci !

CHAPITRE XX

L'ÉTOILE DE L'HONNEUR

A l'autre bout de la salle d'ambulance, une autre scène se passait en ce même instant. L'ordonnance du colonel d'Ornan venait de déposer sur son lit le courrier de France et le *Moniteur de l'armée*.

M. d'Ornan tourna la première page du journal et vit tout d'abord sa nomination au grade de général. Puis c'était la promotion dans l'ordre de la légion d'honneur du *lieutenant* Tédesco, dit Garde-Grosse, et enfin la promotion dans le même ordre de Mlle Afrique Mimosa dont les *hauts services* rendus au pays étaient parvenus jusqu'au ministère de la guerre.

— Madame, dit M. le baron d'Ornan à sa femme, je n'irai pas plus haut, cette blessure ayant pour un peu tué mon énergie, je vais terminer la campagne, puis me retirer en France avec vous pour m'y reposer.

Cette solution ne pouvait que plaire à Mme d'Ornan, aussi se hâta-t-elle d'en exprimer sa joie.

— Mais, reprit le nouveau général, j'y pense, notre ami Garde-Grosse a pour le moins autant besoin de repos que moi. Allons lui annoncer la bonne nouvelle.

Cela dit, le baron d'Ornan se leva. Il se dirigeait appuyé au bras de sa femme vers le lit de Garde-Grosse, lorsqu'il entendit ce dernier regretter de n'avoir pu le soustraire à la mort.

— Eh ! mon ami, cria-t-il de loin, vous faites la fin de moi bien facilement. Dieu merci, vous et moi, nous avons encore de longs jours à vivre ensemble.

Garde-Grosse le regardait venir avec stupeur.

— Seriez-vous donc sauvé ? dit-il enfin, tandis que sa face livide avait un rayonnement de bonheur ; alors, mon colonel, je mourrai content, puisque vous serez là pour piloter l'enfant. Dieu est bon !

— Là ! là ! là ! fit par trois fois M. d'Ornan, lisez cela, mon ami, on ne meurt pas de joie, je pense ? Dieu n'est pas moins juste que bon, vous vivrez !

Il lança en même temps sur la couche du blessé le *Moniteur de l'armée*.

Garde-Crosse se redressa galvanisé.

D'un coup d'œil, il avait parcouru la première page du journal.

— Et nous n'étions pas là, mon colonel, s'écria-t-il avec douleur.

Où ça ? demanda le baron d'Ornan avec distraction, car il s'occupait à couper son propre ruban rouge.

— A la prise de Sébastopol !

Ah ! fit encore M. d'Ornan. C'est donc fait. Eh bien, mon ami, on s'est passé de nous, comme vous le voyez. Mais il ne s'agit pas de cela, si la campagne est finie, nous ne nous en reposerons que plus tôt. Tournez la page, la suite est, à mon avis, de beaucoup plus intéressante.

Garde-Crosse obéit.

— Ah ! fit-il en un cri, mon rêve ! Et il retomba sur sa couche affreusement pâle.

On s'empressa autour de lui.

Quand il reprit connaissance, un petit ruban rouge soutachait sa chemise.

Auprès de lui, il vit le même ruban sur la poitrine de sa fille Mimosa.

Le général d'Ornan avait bien employé son temps, son ruban en avait fait deux.

— Maintenant, mon camarade, commença M. d'Ornan qui avait pris place sur un siège, il ne s'agit plus de se laisser aller, il faut renaître à la vie, que diable ! Un chevalier de la Légion d'honneur n'est pas forcé de se laisser mourir comme un autre. Il faut simplement se bien porter. Nous allons rentrer en France, j'irai habiter près de vous. Lors de votre visite au notaire, à Constantine, avant notre départ, vous m'aviez parlé d'une propriété attenante à votre ferme et qui était à vendre...

— Le château de mon ami Georges Sabiello.

— C'est cela même ; je vais écrire immédiatement et je l'achète s'il est libre. Dans le cas contraire nous en trouverons un autre. Nous ne ferons plus qu'une famille et nous irons tous vivre là comme des rentiers.

— Mais ce n'est pas tout, ajouta-t-il, votre fille adoptive a voulu en un jour vous payer de tous vos bons soins, elle est aujourd'hui populaire et inscrite avec gloire au tableau de l'armée... Regardez, elle est décorée !...

— Mon Dieu ! que de bonheur ! murmura Garde-Crosse... Mais vous, colonel ?

— Il est général ! répliqua l'Embouchoir que nul n'avait vu venir.

— Alors, je vais tâcher d'obéir, termina Garde-Crosse, devenant soudain respectueux à ce nom de général.

Peu après, l'état de Garde-Crosse devint moins inquiétant, ses souffrances diminuèrent, ses plaies se cicatrisèrent et lorsque le major-militaire crut pouvoir le déclarer hors de danger, le général d'Ornan le fit transporter à Constantinople, pour y achever sa guérison.

Comme l'avait annoncé le *Moniteur de l'armée*, la prise de la tour Malakoff avait déterminée la chute de Sébastopol et nos soldats étaient entrés en vainqueurs dans cette place déclarée imprenable par les Russes.

D'ailleurs, ce n'était plus qu'un monceau de ruines sur lesquelles la paix fut signée.

On commençait à rapatrier le corps expéditionnaire.

Sur un navire d'une Compagnie de Marseille, se trouvaient le général, sa femme, Garde-Crosse, Mimosa et l'Embouchoir.

— Ah ! que nous allons être heureux, ma fille, disait Garde-Crosse, se complaisant à songer au bonheur futur, mais, me diras-tu, petite, comment tu m'avais caché ton talent sur la trompette ? Car tu as sauvé notre armée d'un désastre d'abord, et moi ensuite d'une mort certaine.

— Pardonnez-moi, lieutenant, répondit l'Embouchoir que l'on n'avait pas interrogé. Notre enfant, la Providence du camp, pour tout de bon, cette fois, a voulu apprendre et je lui donnais des leçons en cachette, craignant de vous déplaire.

— Vous serez puni, monsieur le trompette, fit inopinément le général baron d'Ornan, vous serez puni pour cette félonie et je vous désigne mon château de Martillac comme prison, vous pourrez y rester en liberté jusqu'à la fin de vos jours. De cette façon, la trompette ne nous manquera pas pour sonner la charge à l'occasion.

— Pour chasser l'indigence, acheva Mme d'Ornan.

— C'est cela, conclut Mimosa en regardant son père, pour ne point changer de métier nous allons *avec nos bourses* faire la guerre aux malheureux.

En entendant parler ainsi tous ceux qu'il aimait, le lieutenant Garde-Crosse essuya furtivement sur sa moustache grisonnante une larme qui était tombée là on ne sait comment.

— Oh! oui, fit-il tout bas sans se douter qu'on pouvait l'entendre. Oh! oui, je suis trop vieux déjà pour apprendre un nouveau métier, et combattre l'indigence, c'est une vraie lutte, cela, crachat de canon!

L'aumônier du bord les avait écoutés :

— Dieu sera avec vous, murmura-t-il, car c'est là la guerre sainte!

FIN

TABLE

LE DERNIER LAIRD

Chapitre Ier.	La salle basse du manoir...	
—	II.	La bruyère de Donegail...	11
—	III.	Le revenant...	28
—	IV.	La chapelle...	42
—	V.	Mac le Rouge...	58
—	VI.	Le Reicudan-dhu...	66
—	VII.	Le bon frère...	70
—	VIII.	Un patriote...	78
—	IX.	Trois braves...	85
—	X.	Le ruffian...	97
—	XI.	Comédie...	115
—	XII.	Le plaid écossais...	129
—	XIII.	Le feu et l'eau...	143

LA PROVIDENCE DU CAMP

Chapitre Ier.	L'orpheline...	153
—	II.	Bonne d'enfant...	162
—	III.	Au rapport...	167

Chapitre	IV.	L'oie du Capitole.............................	172
—	V.	Les soucis d'un père........................	181
—	VI.	Garde-Crosse commence l'histoire de Ninie-l'Absinthe...........................	188
—	VII.	Conclusions de Garde-Crosse..............	195
—	VIII.	Chez la mère Tapedure....................	200
—	IX.	Le vicomte Georges........................	207
—	X.	Le juron du vicomte Georges.............	214
—	XI.	Le remords du vicomte Georges.........	222
—	XII.	Apparition du danger......................	228
—	XIII.	Garde-Crosse chante la complainte de Ninie-l'Absinthe et termine son histoire...................................	234
—	XIV.	Le cadeau du vicomte Georges...........	240
—	XV.	Deux recrues...............................	253
—	XVI.	En Crimée..................................	260
—	XVII.	L'Embouchoir..............................	265
—	XVIII.	Les blessés.................................	273
—	XIX.	Le trompette fantôme.....................	278
—	XX.	Testament..................................	284
—	XXI.	L'étoile de l'honneur......................	289

FIN DE LA TABLE

ÉVREUX, IMPRIMERIE DE CHARLES HÉRISSEY

www.ingramcontent.com/pod-product-compliance
Lightning Source LLC
Chambersburg PA
CBHW071133160426
43196CB00011B/1883